NUR
MIT
UNS

NUR MIT UNS

stimmen für eine vielfältige politik

DIETZ

**Herausgegeben für die
Friedrich-Ebert-Stiftung**
von Anne-Marie Brack &
Annette Schlicht

Inhalt

Das Versprechen auf Teilhabe einlösen

Serpil Midyatli

Politische Teilhabe — man könnte ein Ausrufezeichen dahintersetzen. Denn wir leben in einem Land, das sich ein fortdauerndes Versprechen politischer Teilhabe für *alle* gegeben hat. Dieses im Grundgesetz festgeschriebene Recht ist selbst eine historisch junge Erscheinung, die aus der Wirklichkeit europäischer Gesellschaften und ihrer Befreiungsgeschichte von autoritären Regimen hervorgeht. Zwar ist in den vergangenen Jahren viel geschehen, um politische Räume zu öffnen und Beteiligungsstrukturen inklusiver zu gestalten, doch das Versprechen politischer Mitbestimmung für alle darf in einer offenen, gerechten Gesellschaft weder aufgegeben noch für abschließend eingelöst erklärt werden. Es muss immer wieder aufs Neue verteidigt, wiederbelebt und angepasst werden.

Dieses Versprechen hat gerade in der Einwanderungsgesellschaft, in der wir heute leben, eine ganz neue Bedeutung gewonnen. Aus der Perspektive der Mehrheitsgesellschaft sprach man jahrelang gern *über* eine vermeintlich politikferne und demokratieunfähige Generation sogenannter Gastarbeiter_innen. Passé, nicht nur seit den jüngsten Black-Lives-Matter-Protesten in Deutschlands Großstädten, sondern bereits mit politischen Kampagnen wie #schauhin, #ausnahmslos oder #metwo tut sich etwas: Eine postmigrantische Generation hat laut und wahrnehmbarer als zuvor auf sich aufmerksam gemacht. Sie ist jung, engagiert und vernetzt. Sie mischt sich in die Politik ein, bekennt sich zu Deutschland und fordert, dass sich Deutschland endlich zu ihr bekennt. Von der Mehrheitsgesellschaft erwartet sie die Bereitschaft zuzuhören, die Perspektive zu wechseln und eine ernsthafte Beschäftigung mit rassistischen (Denk-)Strukturen.

Auch im vorliegenden Buch wird er deutlich spürbar: der Wille zur Gestaltung und zur Übernahme von Verantwortung unter jungen Menschen mit Migrationsgeschichte. Die politische Aufgabe besteht darin, sich für diese informellen, zunehmend digitalen Partizipations- und Engagementformen zu öffnen und Brücken zwischen diesen und den analogen politischen Entscheidungsräumen zu schlagen. Das bedeutet mehr als bisher die Interessen, Erfahrungen und Forderungen junger Menschen in den Blick zu nehmen. Dafür braucht es politische Institutionen, die ihre Identitäten anerkennen, ihnen Schutzräume zur Entfaltung bieten und Vielfalt durch entsprechende Identifikationsfiguren nach außen sichtbar machen. Es erfordert politische Strukturen, die offen und durchlässig, einladend und im positiven Sinne fordernd sind. Und nicht zuletzt müssen wir mit allen zur Verfügung stehenden Mitteln gegen Hass, Hetze und rechte Gewalt vorgehen.

Aber politische Teilhabe ist viel mehr als ein Mitspracherecht für diejenigen, die schon aktiv und engagiert sind. Genauso wichtig ist es, unsere Gesellschaft insgesamt gerechter zu gestalten, sei es in Bezug auf den Zugang zu (politischer) Bildung oder die Verteilung von Ressourcen. Studien haben längst gezeigt, dass Politik in Deutschland einen Class Bias aufweist und dass politische Teilhabe stark von den sozioökonomischen Voraussetzungen einzelner Bürger_innen abhängt. Insbesondere bildungsferne und einkommensschwache Bevölkerungsgruppen sind viel weniger in der Lage, sich aktiv an politischen Prozessen zu beteiligen. Dies gilt umso mehr für viele junge Menschen aus migrantischen Haushalten. Nicht wenige sind überproportional von Armut betroffen oder davon gefährdet.

In dieser Hinsicht kann nur ein Politikmodell, das die politische und soziale Teilhabe junger Menschen mit Migrationsgeschichte zusammendenkt, der Lebensrealität der Zielgruppe gerecht werden.

Ähnliches gilt für Ausgrenzungs- und Stigmatisierungserfahrungen, die viele junge Menschen mit Migrationsgeschichte im Verlauf ihrer Biografien machen müssen. Der Großteil solcher Erfahrungen wird in vermeintlich geschützten

Räumen gemacht, zum Beispiel in Kindertagesstätten, Schulen oder Jugend-clubs. Als Tochter türkischer Einwanderer der ersten Generation sollte ich wie viele andere Einwandererkinder eine sogenannte Sonderschule besuchen. Da-hinter stand eine integrationspolitische Vorstellung, wonach Einwanderer-kinder nur vorübergehend im Land sein werden. Glücklicherweise hat sich mein Vater durchgesetzt und dies nicht akzeptiert. Es gab im Grunde aber damals nicht die kleinste Aussicht, dass ich einige Jahre später die Karriere einer Spitzenpolitikerin in Deutschland verfolgen würde. Werdegänge wie meiner ermutigen viele junge Menschen, zeigen aber auch, welche Weg-strecke wir in Richtung Chancengleichheit noch zurückzulegen haben.

Heutzutage sind aus sogenannten Gastarbeiter_innen Menschen mit Mi-grationsgeschichte geworden und der Gaststatus ist dem Integrationspro-zess gewichen, aber Diskriminierung und Rassismus prägen weiterhin den Alltag vieler Menschen mit Migrationsgeschichte. Im Parlament genauso wie auf der Straße. Auf dem Spielplatz wie am Arbeitsplatz.

Diese Geschichten müssen erzählt werden, ebenso wie die Möglichkeiten, Ansätze und Initiativen, gemeinsam dagegen anzugehen. Genauso entschei-dend ist jedoch, dass die Politik solche individuellen und kollektiven Dis-kriminierungserfahrungen, Ängste, Unbehagen, aber auch die Wut junger Menschen mit Migrationsgeschichte im Blick behält. Unsere politische Auf-gabe besteht ausdrücklich darin, ihre Erfahrungen von Ausgrenzung und Nicht-anerkennung sichtbar und politisch bearbeitbar zu machen. Politik muss dieses „heiße Eisen" aufgreifen, wenn das Recht auf politische Teilhabe für *alle* Realität werden soll. Ein Versprechen, für das ich, wie viele andere Politiker_innen mit Migrationsgeschichte, mit meiner Biografie stehe. Sie ist aber kein Einzelfall und beschränkt sich nicht auf die Politik. Es gibt diverse Migrationsbiografien von Wissenschaftler_innen, Lehrer_innen, Kunst-, Kultur- und Medienschaffenden und Gastronom_innen oder derjenigen, die es wer-den wollen. Nur wenn es uns gelingt, Lebensgeschichten frei von Diskrimi-nierung zu ermöglichen und das Versprechen der Teilhabe uneingeschränkt für *alle* Menschen — ob mit oder ohne Migrationsgeschichte(n) — einlösbar zu machen, ist unsere Demokratie vollkommen bei sich. Der Weg dorthin ist für viele steinig und für einige schmerzhaft, aber ich möchte alle jungen Menschen ermutigen, an ihren Visionen festzuhalten und sie in die Gesellschaft hineinzutragen.

Das wäre sie, *unsere* Gesellschaft: eine, in der aus vielen Visionen eine gemeinsame Zukunft zusammenwachsen kann.

↖

Das Making-of
NUR MIT UNS

Anne-Marie Brack & Annette Schlicht

Politik braucht Bühnen. In unserer Demokratie sind die zentralen Bühnen die Parlamente. Hier werden Positionen dargestellt, Themen verhandelt sowie Entscheidungen getroffen und erläutert, die die Koordinaten unseres Zusammenlebens festlegen. Wenn wir gegenwärtig auf diese Bühnen blicken, dann sehen wir, dass diejenigen, die dort agieren, die Vielfalt unserer Gesellschaft nicht widerspiegeln. Täglich sehen und treffen wir Menschen unterschiedlichen Aussehens und Geschlechts sowie diverser Herkunft. Diese Realität bildet sich in den Parlamenten nicht ab. Viele, gerade junge Menschen, können sich daher wenig mit den handelnden Personen und dem Geschehen auf diesen Bühnen identifizieren, sehen ihre Anliegen nicht repräsentiert, verlieren das Interesse oder suchen sich andere Arenen.

NUR MIT UNS ist ein Aufruf. Er fordert, Strukturen und Mechanismen in den Fokus zu nehmen, die es Menschen erschweren und manchmal sogar aktiv verwehren, ihren Platz am politischen Entscheidungstisch einzunehmen. NUR MIT UNS macht deutlich, welch weitreichende Folgen das Nichtvorhandensein vieler Identitäten, Lebensweisen und Erfahrungen in Parteien und Parlamenten hat: Wir nehmen uns als Gesellschaft die Möglichkeit, aus unserem Reichtum zu schöpfen und durch diverse Perspektiven zu besseren, nachhaltigeren Lösungen zu kommen. Wir lassen die Chance ungenutzt, an den zentralen Orten unserer Demokratie mit denjenigen, die bislang weitgehend ausgeschlossen sind, über den vielbeschworenen gesellschaftlichen Zusammenhalt zu reden und ihn in gemeinsamer Verantwortung zu gestalten. NUR MIT UNS ist jedoch vor allem ein Weckruf, denn die Zeit ist überreif.

NUR MIT UNS ist das Ergebnis einer Kooperation zwischen der Iranischen Gemeinde in Deutschland e. V. und der Friedrich-Ebert-Stiftung. Diese ist getragen von dem Verständnis, dass es Orte der Verständigung braucht, gerade wenn der gesamtgesellschaftliche Dialog schwieriger wird, und dass die Bereitschaft zuzuhören ein erster Schritt auf einem gemeinsam zu beschreitenden Weg ist.

Mit diesem Buch entsteht ein Raum für die Stimmen derjenigen, die in Parteien und Parlamenten unterrepräsentiert sind. Politiker_innen, Wissenschaftler_innen, Aktivist_innen und Journalist_innen, die aus unterschiedlichen Blickrichtungen auf die Facetten politischer Vielfalt schauen. Das ist vielschichtig und nicht widerspruchsfrei und hilft genau deshalb, das Spektrum der Herausforderungen, die politisch und gesellschaftlich zu verhandeln sind, überhaupt erst einmal aufzuspannen. Hinzu kommt, dass das Buch viel mehr ist als ein gut sortiertes Stimmenregal: Essayistische, biografische und analytische Texte, die von Interviewstatements, Meinungen und Forderungen durchbrochen werden, ergeben — je nachdem, ob man die Texte einzeln, nacheinander oder quer liest — wie die bunten Steine eines Kaleidoskops immer wieder ein neues Bild. Orientierung in diesem Polylog bieten sechs thematische Stationen, die sich partiell überschneiden und wie Cluster-Überschriften für Fragekomplexe zu lesen sind: Vorbilder, Identitäten, Verantwortung, Sichtbarkeit, Rassismus und Empowerment. Als Grundstruktur des Buches haben wir diese sechs Themen als rote Fäden aus der Zusammenschau von Gesprächen junger Menschen mit Politiker_innen gezogen, die 2020 im Rahmen des Podcastprojekts „Hörgut: Auf Stimmenfang für Vielfalt" (www.fes.de/hoergut) veröffentlicht wurden (siehe Beschreibung auf Seite 101).

Bei der Auswahl der Beiträge, die sich um diese sechs Themen gruppieren, haben uns folgende Überlegungen geleitet:

Welche Rolle spielt Identität beim politischen Engagement von jungen Menschen mit Migrationsgeschichte und wie wird dem in vorhandenen Strukturen Rechnung getragen?

Wie wird in anderen gesellschaftlichen Bereichen wie Bildung, Verwaltung und zivilgesellschaftlichen Organisationen mit Diversität umgegangen und was kann Politik daraus lernen?

Welche Zuschreibungen erfahren migrantisch gelesene Personen, die in der Öffentlichkeit stehen und welche Bedeutung haben sie als Türöffner_innen und Vorbilder?

Mit welchen gesellschaftlichen und rechtlichen Herausforderungen sehen sich Menschen mit Migrationsgeschichte auf dem Weg zu einer vielfältigeren Politik konfrontiert und welche Forderungen und Strategien formulieren sie selbst?

Auch wenn dieses Buch Erfahrungen und Perspektiven bündelt und unter gemeinsame Überschriften stellt, handelt es sich dabei jedoch nicht um eine homogene, sondern im Gegenteil um eine Gruppe zutiefst unterschiedlicher Menschen. Was sie eint, ist die Forderung nach politischer Mitbestimmung, nach einer angemessenen Repräsentation. Auf den Etiketten, die dafür gern vergeben werden, steht häufig „Menschen mit Migrationserfahrungen", „Menschen mit Einwanderungsgeschichte" oder auch „Migrant_innen". In diesem Buch findet sich kein einheitlicher Begriff, vermutlich auch, da keine dieser Bezeichnungen das Verbindende trifft. Was sie vereint, ist nicht die eigene oder familiäre Migration. Was sie teilen, ist die gemeinsame Erfahrung von Diskriminierung und strukturellem sowie individuellem Rassismus.

Dass wir als Herausgeberinnen diese Erfahrung nicht teilen, wollen wir nicht unerwähnt lassen. Wir sind uns bewusst, dass gerade die Herausgeberschaft mit einer Position der Macht verbunden ist, die sich in der Auswahl des Themas und Titels, der Texte und Autor_innen sowie des Layouts und auch der Anordnung und Struktur der Publikation manifestiert. Auch wenn in diesem Buch hauptsächlich das Repräsentationsdefizit in Parteien und Parlamenten im Fokus steht, wissen wir doch, dass es in allen gesellschaftlichen Bereichen großer weiterer Anstrengungen bedarf, um gleiche Chancen für alle unabhängig von Herkunft oder Geschlecht umzusetzen. Unser eigenes Arbeitsumfeld ist dabei keine Ausnahme.

Welche Initiativen es bereits gibt, um Politik vielfältiger und gerade junges Engagement stärker und sichtbarer zu machen, wird am Ende dieses Buches aufgezeigt. Hier findet sich eine Auswahl von Vereinen und Initiativen, die in Steckbriefen ihre Arbeit präsentieren und über die genannten Kontaktdaten ansprechbar sind.

Am Schluss dieser Einleitung möchten wir allen Autor_innen, die mit ihren Texten das Feld der Herausforderungen weiter ausgeleuchtet haben, herzlich für ihr Vertrauen und ihre Bereitschaft danken, dieses Buch mitzugestalten.

Hervorheben möchten wir auch die Zeichnungen von Tyll Peters. Seine Comic-portraits, die Gesichtszüge bewusst stilisieren, drücken aus, was uns als Botschaft wichtig ist: Jede einzelne Stimme ist wertvoll und einzigartig, aber Probleme des Rassismus und der Diskriminierung sind nicht individuell und auch nicht individualisierbar. Sie betreffen im Gegenteil sehr viele Menschen und müssen politisch bearbeitet werden.

Den Politiker_innen und Podcaster_innen, die mit ihren Statements und Zitaten das Buch erden, plastisch und konkret werden lassen, sind wir zu besonderem Dank verpflichtet. Sie haben uns zu diesem Buch inspiriert, uns immer wieder in die Reflexion des Themas gezwungen und uns neben allen Herausforderungen doch berechtigte Hoffnung gegeben, dass wir gemeinsam eine gerechte und solidarische Zukunft für unsere Gesellschaft erschaffen können.

↖

Die
Politi
ker_
innen

→ **Sawsan Chebli** ist seit 2016 Bevollmächtigte des Landes Berlin beim Bund und Staatssekretärin für Bürgerschaftliches Engagement und Internationales in der Berliner Senatskanzlei. Sie wurde 1978 in Berlin geboren, acht Jahre nachdem ihre Eltern aus einem palästinensischen Flüchtlingslager nach Deutschland gekommen waren. Als Kind staatenloser Eltern weiß Sawsan Chebli, wie sich Unfreiheit und Fremdbestimmung anfühlen. Heute arbeitet die studierte Politikwissenschaftlerin als politische Beamtin dafür, dass alle Menschen ihr Umfeld und die Gesellschaft mitgestalten können. Engagement ist für sie das Fundament für Freiheit, gesellschaftlichen Zusammenhalt und eine starke Demokratie — und nicht nur in Krisen systemrelevant.

→ **Benjamin Adjei** gewann mit gerade einmal 28 Jahren bei den bayerischen Landtagswahlen 2018 ein Direktmandat für Bündnis 90/Die Grünen und sitzt seitdem für den Stimmkreis München-Moosach im Landtag. Als studierter Informatiker ist er Sprecher für Digitalisierung seiner Fraktion. Er ist am Tegernsee aufgewachsen und begeisterter Fußballer. Viele vermuten, dass seine Kompetenz aufgrund seines Äußeren und seiner Familiengeschichte vor allem im Bereich Migrations- und Integrationspolitik liegt. Er selber findet diese Zuschreibungen problematisch. Nicht nur, weil sie auf ihn nicht zutreffen, sondern auch, weil sich Vielfalt in der Politik auf alle Themenbereiche erstrecken sollte.

→ **Raphael Moussa Hillebrand** ist Aktivist, Kurator, preisgekrönter Tänzer und Choreograph. Er hat Wurzeln in Deutschland und Westafrika, ist 1982 in Hongkong geboren und in Berlin aufgewachsen. Im Jahr 2017 gründete er gemeinsam mit anderen die Partei „Die Urbane — eine HipHop-Partei". Sein Motor ist der Kampf gegen Grenzziehungen. Hip-Hop ist für ihn eine Blaupause für Selbstermächtigung — vor allem für diejenigen, die sich von den klassischen politischen Strukturen ausgeschlossen fühlen. 2020 wurde er als erster urbaner Choreograph mit dem renommierten Deutschen Tanzpreis geehrt. Künstlerisch und politisch setzt Raphael Moussa Hillebrand starke Botschaften. Sein Ziel ist es, Mehrheiten für die Überwindung der sozialen Unwucht in unserer Gesellschaft zu gewinnen.

→ **Mike Josef** ist seit 2013 SPD-Vorsitzender in Frankfurt am Main und als Planungsdezernent Gestalter einer wachsenden Metropolregion. 1983 in Syrien geboren, musste er als Vierjähriger gemeinsam mit seiner Familie sein Geburtsland verlassen und wuchs in Ulm auf. Sein Bildungsweg führte ihn über Haupt- und Realschule schließlich mit dem Fachabitur an die Universität Frankfurt, wo er Politikwissenschaften studierte. Etwas bewegen zu wollen animiert ihn dazu, sich politisch zu engagieren. Er möchte, dass es um Leistung geht und nicht die Herkunft die entscheidende Rolle spielt. Er selbst wird von vielen als Vorbild gesehen, der den Aufstieg geschafft hat. Aufgrund seiner biografischen Erfahrungen wünscht er sich gerade auf kommunaler Ebene mehr Engagierte mit Einwanderungsgeschichte.

→ **Serpil Midyatli** hat sich schon in der Schule Vorurteilen und Klischees in den Weg gestellt und sich eingemischt, wenn Menschen benachteiligt wurden. Für sie ist das Engagement gegen Rassismus genauso wichtig wie der Kampf für die Gleichstellung der Geschlechter. Als stellvertretende Parteivorsitzende der SPD setzt sie sich dafür ein, mehr mit statt über andere Menschen zu reden. Heimat ist für sie das Meer und Schleswig-Holstein, wo sie 1975 in Kiel als Tochter türkischer Immigranten geboren wurde. Sie war 2009 die erste muslimische Abgeordnete des Schleswig-Holsteinischen Landtages und wurde drei Jahre später zur stellvertretenden Fraktionsvorsitzenden gewählt. 2019 übernahm sie den Landesvorsitz ihrer Partei.

→ **Amina Yousaf** ist Bloggerin und Autorin mit pakistanisch-britischer Familiengeschichte. Zu den Themen digitale Gewalt und Feminismus hält sie bundesweit Vorträge und hat gemeinsam mit anderen Aktivistinnen die bundesweite Kampagne #NetzohneGewalt gestartet. Als Schülersprecherin mobilisierte sie vor über zehn Jahren gegen das Turboabitur in Niedersachsen. Heute studiert sie Sozialwissenschaften in Göttingen und engagiert sich als stellvertretende Vorsitzende der SPD im Bezirk Hannover. An dem Ort, wo man lebt, politisch mitzumischen und sich für eine gerechtere Gesellschaft einzusetzen, das ist Amina Yousaf wichtig. Deshalb wirbt sie dafür, dass Menschen mit Migrationsgeschichte an politischen Entscheidungen beteiligt werden und sich in Parteien engagieren.

VOR
BIL
DER

„Ich möchte Leute ermutigen zu sagen: Mit jeder Etappe, die wir schaffen, können wir den Weg für andere erleichtern. Haben wir eine Tür geöffnet, dürfen wir sie nicht zumachen, sondern wir müssen sie offen lassen für die Menschen, die nachfolgen. Wir erleben heute ganz andere Hürden als in 10 oder 15 Jahren. Es ist so wie bei der Frauenbewegung vor 100 Jahren, als es um das Frauenwahlrecht ging. Die Frauen haben damals zum Teil unter körperlichem Einsatz mit Hungerstreik und Ähnlichem dafür ge-kämpft, dass Frauen heute wählen dürfen. Ich will das nicht direkt vergleichen, aber das sind immer wieder Momente, wo man sagen kann: Es gibt Menschen, die den Weg gehen und dabei mit Hürden konfrontiert sind. Wenn es erst einmal geschafft ist, diese Hürden aus dem Weg zu räumen, wird es für die nachfolgende Generation leichter."

→ **Amina Yousaf**

„Meine Eltern kamen 1987 als Flüchtlinge aus Syrien nach Deutschland. Betrachtet man, wo wir herkommen, war das für meine Familie und mich ein Aufstieg. Ich selbst sehe mich aber nie als Vorbild, weil mich mein Lebensweg erdet. Meine Eltern nehmen mich nicht als Politiker wahr und sie sehen auch nicht die Karriere im Vordergrund. So wurde ich von ihnen auch nicht erzogen, sondern ganz familiennah und als Familienmensch. Bis heute sind für meine Eltern Familie und Kinder das A und O. Deswegen ist die Karriere auch nicht ihr Wertemaßstab. Interessant finde ich deshalb, dass Migrant_innen oft in dieser Vorbildfunktion sind, in der sich viele aber gar nicht sehen. Viele sind einfach ihren Weg gegangen und haben versucht, zu überzeugen. Ich glaube aber schon, dass viele Menschen mit ähnlichem Hintergrund teilen, wie ich den Aufstieg sehe: dass man oft mehr Leistung bringen muss und anders bewertet wird als jemand, der aus familiären oder sozialen Hintergründen kommt, wo vieles selbstverständlich ist. Und so schließt sich der Kreis zum Thema Vorbild: Man hinterfragt sich ständig selbst in diesen Parteipositionen. Ich kann mich gut daran erinnern, als ich 2013 Parteivorsitzender der SPD wurde. Bei meiner Parteitagsrede habe ich mir immer wieder gedacht: Ich musste mich in der Schule durchkämpfen und war sehr froh, als ich mein Fachabi in der Tasche hatte — und nun soll ich so vielen Menschen erzählen, wie ich die Stadt Frankfurt und die Gesellschaft sehe."

→ **Mike Josef**

Zwischen Anpassung und Differenz

Zur Ambivalenz von „migrantischen Vorbildern" in der Politik

Cihan Sinanoglu

Der demografische Wandel in Deutschland und die wachsende Zahl der Einbürgerungen erhöhen die wahlpolitische Relevanz von Personen mit Einwanderungsbiografien und rücken somit langsam ihr politisches Verhalten in den Fokus der Sozialwissenschaften und der breiteren Öffentlichkeit. Dennoch bleibt zu konstatieren, dass die parlamentarische Repräsentation von Menschen mit Migrationshintergrund immer noch nicht die gesellschaftliche Realität widerspiegelt. Die Zahlen sprechen dabei eine deutliche Sprache. In Deutschland leben derzeit etwa 21,2 Millionen Menschen mit Migrationshintergrund und machen somit etwa 26 Prozent der Gesamtbevölkerung aus.[1] Bei der Bundestagswahl 2017 hatten 10,2 Prozent aller Wahlberechtigten einen Migrationshintergrund. Aktuell liegt der Anteil von Bundestagsabgeordneten mit Einwanderungsgeschichte bei 8,2 Prozent und auf der kommunalen Ebene bei 4 Prozent.[2] Das Repräsentationsdefizit ist ein Demokratiedefizit, da die Lebensrealitäten, Bedürfnisse und Perspektiven von einem großen Teil der Bevölkerung in den Parlamenten nicht stattfinden.

· · · · · · · · · · · · · · · ·

1   Vgl. Destatis, Zahlen des Statistischen Bundesamtes aus dem Jahr 2019, https://www.destatis.de/DE/Themen/Gesellschaft-Umwelt/Bevoelkerung/Migration-Integration/_inhalt.html (Abruf: 2.3.2021).
2   Vgl. Mediendienst Integration 2017, https://mediendienst-integration.de/integration/politik.html (Abruf: 2.3.2021)

Es fällt auf, dass diejenigen, die den Sprung in die Parlamente schaffen, meist als Vorbilder, Brückenbauer_innen und Identifikationsfiguren gesehen werden, die zwischen einer vermeintlich homogenen Gruppe von Muslim_innen und Migrant_innen und der Einwanderungsgesellschaft vermitteln können. Die Rolle des Vorbildes ist dabei eingebettet in einen integrationspolitischen Diskurs, der ambivalente Erwartungen erzeugt und durch Rollenzuschreibungen Handlungsspielräume erweitert und begrenzt.

Die wahrgenommenen Erwartungen finden in dem Bild des Brückenbauers beziehungsweise Vorbildes ihre Entsprechung und reflektieren in gewisser Weise die Bedingungen, unter denen Abgeordnete mit Migrationshintergrund agieren. Das bedeutet vor allem, dass sie permanent zwischen Differenzzuschreibung und deren Auflösung manövrieren müssen — sie werden als Personen mit Migrationshintergrund wahrgenommen, müssen aber zugleich an den nicht ethnisch markierten Mainstream der Parteien anschlussfähig sein. Sie symbolisieren in diesem Sinne, dass Differenz besteht, aber nur dann politisch mobilisierbar ist, wenn sie in letzter Instanz überbrückt werden kann.

Die Zugehörigkeit zur deutschen „Mehrheitsgesellschaft" wird dabei entlang von Leistungsnarrativen und dem sozialen Aufstieg hergestellt. Die Erzählung von den Schwierigkeiten, aber auch den Möglichkeiten des Aufstiegs in einer meritokratischen Gesellschaft ist eines der klassischen Legitimierungsnarrative westlicher Demokratien, das im American Dream seine wahrscheinlich prominenteste Fassung gefunden hat. Das Narrativ lebt einerseits von der Annahme, dass Differenz und Ungleichheit in der Gesellschaft (Klasse, Geschlecht, Ethnizität und andere) Hürden sind, die es einer Person erschweren, in die höheren Ränge aufzusteigen. Gleichzeitig versinnbildlicht es aber auch, dass Aufstieg für jene möglich ist, die sich genügend anstrengen. Dieses Leistungsprinzip beziehungsweise meritokratische Leitbild wird von der Gesellschaft honoriert und ist im öffentlichen Diskurs erwünscht. Die Hervorhebung der Erfolgsgeschichte bestätigt in letzter Instanz, dass strukturelle Probleme vermeintlich gelöst und überwunden werden können.

Insofern sind die per definitionem erfolgreichen Abgeordneten mit Migrations-hintergrund legitimierend für das System parlamentarischer Demokratien, das den Anspruch haben muss, Probleme bestehender Ungleichheiten in der Gesellschaft lösen zu können. Die Abgeordneten sind somit nur dann „wählbar" und „vermittelbar", wenn mit ihren Biografien an Erfolgs- und Leistungsnarrative angeknüpft werden kann. Neben dem sozialen Aufstieg sind es die politischen Problemdiskurse über Migration und Integration, die Vorbildern und Brückenbauer_innen erst ihre Legitimität verschaffen. Denn Brücken und Vorbilder braucht man nur da, wo es keine Verbindungen gibt und wo bestimmten Gruppen vermeintliche „Integrationsprobleme" zuge-schrieben werden. Die Problematisierungen schaffen somit eine Nachfrage nach authentischen Ansprechpartner_innen, „Integrationserfolgen" und Vor-bildern, die diese Themen in der Öffentlichkeit artikulieren, vermitteln und vermeintlich lösen können. Die Abgeordneten mit Migrationshintergrund sind jedoch nicht nur Politiker_innen und Aushängeschilder ihrer Parteien, sondern auch die Gesichter und Symbole der Gesellschaft, in der sie leben und die sie repräsentieren. Sie stehen für einen Wandel, in dem Menschen mit Einwanderungsbiografien nicht mehr nur Objekte politischer Auseinan-dersetzungen sind, sondern Subjekte, die politische Willensbildungsprozesse mitgestalten. Die parlamentarische Repräsentation von Menschen mit Ein-wanderungsbiografien stiftet Identifikation und Zugehörigkeit auf Seiten der migrantischen Communities. Sie ist auch ein Moment der Selbstwirksam-keit und wäre ohne die migrantischen und antirassistischen Kämpfe der Ge-genwart und Vergangenheit undenkbar. Gerade für junge Menschen kann die parlamentarische Repräsentation von Menschen mit Einwanderungsbio-grafien und Rassismuserfahrungen Zugehörigkeit stiften und einen positi-ven Einfluss auf die Selbstwirksamkeit haben. Die geteilte Erfahrung von Unterdrückung und Ausgrenzung, aber auch der Widerstand gegen diese Formen der Machtausübung und die Repräsentation dieser Erfahrungen in politischen Willensbildungsprozessen ist wichtig für das Vertrauen vieler junger Menschen in demokratische Prozesse. Politiker_innen wie Aminata Touré, Serpil Midyatli, Belit Onay und Dr. Karamba Diaby stehen für eine neue Generation, die Zugehörigkeiten und Identifikationen neu aushandelt, erweitert und verändert.

Das skizzierte Spannungsverhältnis zwischen der Reproduktion gesellschaftlicher Ungleichheitsverhältnisse, Selbstwirksamkeit und Identifikation in Bezug auf die parlamentarische Repräsentation lässt sich nicht auflösen. Ein stärkeres Bewusstsein für diesen Zusammenhang bei politischen Akteur_innen könnte allerdings dazu führen, dass man die Rolle des Vorbildes kritisch auf seine gesellschaftliche und politische Funktion hin hinterfragt und auf die strukturellen Probleme in Bezug auf das Repräsentationsdefizit von Menschen mit Einwanderungsbiografien aufmerksam macht. Diese haben verschiedene Ursachen und sind unter anderem auf das Staatsangehörigkeitsrecht, das Wahlrecht, die Organisationsformen von Parteien, aber auch Rassismus und Diskriminierung im Bildungssystem zurückzuführen. Die Rolle des Vorbildes und der Verweis auf ihre Erfolgsgeschichten dient vielen politischen Entscheidungsträger_innen dazu, von strukturellen Problemen abzulenken, die das Repräsentationsdefizit bedingen. Kritische Mentor_innenprogramme in den Parteien könnten dazu beitragen, veralteten Machtstrukturen und dem Repräsentationsdefizit entgegenzuwirken. In der kritischen Auseinandersetzung mit der Figur des Vorbildes steckt die Möglichkeit, die soziale Selektivität von Demokratien in Frage zu stellen und über inklusivere Formen politischen Handelns nachzudenken.

↖

Dr. Cihan Sinanoglu ist Sozialwissenschaftler. Seit Oktober 2020 leitet er am Deutschen Zentrum für Integrations- und Migrationsforschung (DeZIM) die Geschäftsstelle des Nationalen Diskriminierungs- und Rassismusmonitors (NaDiRa).

„Viel mehr, als wir uns vorstellen können"

Warum wir Vorbilder brauchen

Im Gespräch mit Anna Dushime

Frau Dushime, als Podcasterin, Journalistin und Autorin sind Sie selbst viel in sozialen Netzwerken unterwegs. Inwiefern ist der Begriff des Vorbildes überhaupt noch auf Räume anzuwenden, die sich derart ausdifferenzieren und gleichzeitig das Versprechen einer größeren Sichtbarkeit für alle geben?

Für mich ist das kein Widerspruch. Je ausdifferenzierter die Räume sind, desto höher der Bedarf nach Vorbildern, die auch als Brückenbauer_innen fungieren können. Räume, die ausdifferenziert sind, können als Konsequenz auch einfach mehr Vorbilder hervorbringen. Und weil verschiedene „Bubbles" weniger miteinander in Berührung kommen, braucht es meiner Ansicht nach Brückenbauer_innen. Menschen, die in verschiedenen Bubbles ein- und ausgehen und gewillt sind, mehr zur Einigung als zu Spaltung beizutragen. Wir nehmen häufig unsere Bubbles als klar abgetrennte Räume wahr, in denen überhaupt keine Durchlässigkeit möglich ist. Das halte ich für nur teilweise richtig. Menschen sind komplex und ihre Gedanken und Meinungen sind nicht immer schwarz oder weiß, es gibt viele Zwischen- und Grautöne. Und diese können häufig das verbindende Element zwischen den einzelnen Bubbles, Gruppen und Menschen sein. Brückenbauer_innen sehen und verstehen diese Zwischentöne und tragen diese in andere Bubbles. Anders verhält es sich mit der Sichtbarkeit. Soziale Medien haben People of Color (PoC) nicht endlich zu mehr Sichtbarkeit verholfen, sondern sie haben die Infrastruktur geschaffen, sodass viele unserer Inhalte nun gesehen werden können. Mehr Sichtbarkeit haben sich PoC und andere marginalisierte Gruppen selbst hart erkämpft.

Die Eintrittsbarrieren sind in sozialen Medien viel niedriger als in klassischen Medien, was erst einmal positiv ist für unterrepräsentierte Gruppen. Ein Problem bleibt jedoch, dass viele PoC-Content-Creators trotzdem nicht die Anerkennung erfahren, die ihnen zusteht, gemessen an dem kulturellen Einfluss, den sie durch das Setzen von Trends und ihrer Kreativität haben.

Besonders in den vergangenen Jahren ist auffällig geworden, dass sich die Formen des politischen Engagements junger Menschen verändert haben und häufig außerhalb parteipolitischer Strukturen stattfinden. Mit der Initiative Brand New Bundestag setzen Sie sich für mehr Vielfalt in den Parlamenten ein. Welche Rolle, glauben Sie, spielen Vorbilder in den Parteien und politischen Institutionen für die junge Generation?

Ich denke häufig an meine Kindheit und Jugend. Nach dem Genozid in Ruanda habe ich angefangen, bewusst wahrzunehmen, wie sehr ich von starken Frauen umgeben und beeinflusst war. Neben meiner Mutter, die im Übrigen mein Vorbild ist, hatte ich viele Tanten und Freundinnen meiner Mutter, zu denen ich aufschauen konnte. Sie waren Schneiderinnen, Politikerinnen, Anwältinnen, Aktivistinnen, Nonnen. Einige wenige waren nach dem Genozid verheiratet, die meisten waren Witwen. Sie organisierten sich und gründeten Vereine und verbesserten nicht nur ihr eigenes Leben, sondern auch das Leben tausender anderer Menschen. Ein unterschätzter Effekt war aber, was es für ihre Töchter und Söhne bedeutete, solche starken Mütter und Vorbilder zu haben. Ich glaube, dass Vorbilder oder deren Notwendigkeit zeitlos sind. Wir alle brauchen Vorbilder — und irgendwann werden wir auch zu Vorbildern für andere. Das gilt für alle Bereiche im Leben und natürlich auch für die Politik. Mit Brand New Bundestag wollen wir erreichen, dass mehr engagierte Menschen in die Politik gehen oder dort bleiben. Wir wollen veraltete Strukturen aufbrechen und Politik etwas durchlässiger gestalten. Ich glaube, dass man leichter etwas werden kann, das man auch sieht.

Wenn migrantisch gelesene Menschen als Vorbilder wahrgenommen werden, so schildern sie häufig ambivalente Gefühle im Zusammenhang mit ihrer Vorbildrolle. So ist größere Sichtbarkeit oft verbunden

mit Verantwortung, Leistungsdruck und Versagensängsten. In einem Interview kritisieren Sie, dass es immer erst eine berufliche Erfolgsgeschichte braucht, um als Vorbild wahrgenommen zu werden. Müssen wir den Begriff des Vorbildes neu denken?

Ich bin ein Kind meiner Sozialisation und meine Mutter — wie viele afrikanische Mütter und migrantisch gelesene Eltern — war der Ansicht, dass ich und meine Schwestern mindestens doppelt so viel leisten müssen, um auch nur den Hauch einer Chance in der weißen Mehrheitsgesellschaft zu haben. Ich habe das früher immer hingenommen und sehe es mittlerweile kritischer. Ich verstehe, warum sie es gemacht hat und glaube auch, dass es notwendig war und mir nicht geschadet hat. Aber ich wage es, mir für meine Kinder etwas anderes zu wünschen. Ich möchte, dass sie nicht doppelt so viel leisten müssen, um überhaupt eine Chance zu haben. Ich möchte, dass sie auch ohne beruflichen Erfolg respektiert und gesehen werden. Das wünsche ich mir im Übrigen für alle — nicht nur für meine Kinder. Mir fehlte diese Unbeschwertheit, auch mal Fehler machen zu dürfen. Und mit Fehler meine ich, auch mal die Schule zu schwänzen oder im Unterricht mal laut zu sein, den Lehrer_innen zu widersprechen oder ein Kunstgeschichtestudium anzufangen und wieder abzubrechen. Ich habe Marketing studiert. Nicht, weil ich Menschen helfen wollte oder mir diese Disziplin besonders am Herzen lag. Sondern weil ich einen inneren Druck verspürte, „etwas Richtiges" zu machen. Etwas, was Aussicht auf beruflichen Erfolg bot und gleichzeitig von meinen Eltern respektiert werden würde. Auch, wenn es sich kitschig anhört, ist ein Vorbild eine Person, die glücklich über ihr Leben ist. Und Glück sollte jede_r für sich selbst definieren können.

Vorbilder können auch als Zeichen gesellschaftlichen Wandels gedeutet werden, die bestehende Hürden überwinden, Strukturen verändern und neue Dinge möglich erscheinen lassen. Wo sehen Sie diese Entwicklungen gegenwärtig?

Vorbilder sind wichtig und oft sind sie auch gleichzeitig (aber nicht ausschließlich) diejenigen, die bestehende Hürden überwinden, indem sie Strukturen aufbrechen und Neues möglich erscheinen lassen. Ich habe persönlich in den letzten Wochen und Monaten mehr Vorbilder dazugewonnen. Ich glaube aber, dass Vorbilder aus allen möglichen unterschiedlichen Gruppierungen kommen. Sie können jünger sein: Vanessa Nakate etwa. Oder Elsa Majimbo. Vanessa ist eine ugandische Klimaschutzaktivistin, die sich unter anderem für Fridays for Future in Uganda engagiert und seit 2019 unermüdlich kämpft. Sie wurde dem breiten Publikum bekannt, als sie im Januar 2020 beim Weltwirtschaftsforum aus einem Foto, auf dem sie neben Luisa Neubauer und Greta Thunberg zu sehen war, von der Associated Press herausgeschnitten wurde. Elsa Majimbo ist eine der witzigsten Stimmen auf Instagram. Ihre kurzen Videos werden von ihren 2,2 Millionen Follower_innen geliebt, kommentiert und mit der ganzen Welt geteilt. Vorbilder können also Aktivist_innen sein, aus der Unterhaltung kommen oder eine Dating App gebaut haben. Sie sprengen häufig unseren Vorstellungsrahmen und zeigen uns, dass viel mehr möglich ist, als wir uns vorstellen können.

↖

Anna Dushime ist in Ruanda geboren und lebt heute in Berlin. Sie ist Redaktionsleiterin bei der Berliner Produktionsfirma Steinberger Silberstein und beschäftigt sich als leidenschaftliche Podcasterin (u. a. hart unfair, 1000 erste Dates, Notaufnahme) mit den Themen Politik, Popkultur, Dating und Diversität.

IDEN
TI
TÄT

„Migration ist bei mir persönlich nie Hauptthema gewesen. Ich habe selbst keine Migrationsgeschichte und kann mit Migration genauso viel anfangen wie jemand, der vielleicht am Tegernsee geboren wurde. Und wenn es für einen selbst nicht das große Thema ist, dann überlegt man sich, für welche Themen man prädestiniert ist: Mit was beschäftige ich mich? Wo bin ich Experte? Ich bin Informatiker und da war es für mich klar, dass ich Digitalpolitik mache. Ich kann es aber völlig verstehen, wenn für Menschen mit Migrationserfahrung die Migration das entscheidende Thema in ihrem Leben ist und dass sie dann sagen, sie müssten unbedingt Migrationspolitik machen. Das war bei mir anders. Ich finde das sehr wichtig, weil mich alle immer wieder fragen, warum ich keine Migrationspolitik mache. Ich habe eben Fähigkeiten, die nichts mit meiner Herkunft oder meinem Aussehen zu tun haben. Ich glaube aber auch, wenn man eine vielfältige Gesellschaft abbilden möchte und zeigen will, wie vielfältig der Erfahrungsschatz und das Wissen von Menschen mit Migrationshintergrund ist, dann ist es auch wichtig, dass diese Menschen verschiedene Themenfelder besetzen. Ich finde, das passiert noch zu wenig. Wir können doch sehr viel mehr als nur über Migrationspolitik sprechen. Wir können doch auch über Gesellschaftspolitik, über Innenpolitik oder über Wirtschaftspolitik sprechen — wir können über alles sprechen."

→ **Benjamin Adjei**

„Wir wollen diese Schubladen nicht mehr, in die man uns reinsteckt. Und das hat auch was damit zu tun, Dinge anders aufzuteilen. Das meine ich mit Privilegien. Umso mehr Menschen partizipieren, teilhaben können, umso mehr wollen sie nicht mehr irgendwo hingewiesen werden. Früher war es zum Beispiel schwierig, mit einer Migrationsgeschichte zu studieren oder sich den Job oder die Ausbildung auszusuchen. Es gab bestimmte Jobs, die waren für Menschen mit Migrationsgeschichte vorgesehen, und die wurden von ihnen dann halt gemacht, weil das eben so war. Irgendwann haben die aber gesagt: ‚Nö, ich mach das nicht mehr, ich will auch studieren, ich will auch Ärztin werden, Lehrerin werden, mich einbringen.' Und das bedeutet dann auch, in Bereiche zu kommen, in denen man sich ganz anders mit Menschen auseinandersetzen muss. Ich finde, das ist eine ganz spannende Phase und manches ist auch gut, es wird uns definitiv voranbringen. Als ich aufgewachsen bin, da war ich Gastarbeiterkind, in der Grundschule war ich dann Kümmeltürke, als Jugendliche gehörte ich zu den Kanacken. In den 90er-Jahren, irgendwann um die 2000er-Jahre herum, wurden wir zu Menschen mit Migrationshintergrund, jetzt sind wir Menschen mit Migrationsgeschichte. Nach 9/11 waren wir keine Türken mehr, da waren wir nur noch Muslime."

→ **Serpil Midyatli**

Tokenism
Was das Familienfoto nicht zeigt

Zuher Jazmati

„Representation matters!" Dieser Leitsatz will darauf aufmerksam machen, dass wichtige und hohe Positionen viel zu selten von Menschen besetzt sind, die von gesellschaftlicher Marginalisierung betroffen sind. Die Institutionen sind nach wie vor von machtvollen Faktoren bestimmt: weiß, cis-männlich, körperlich nicht eingeschränkt, heterosexuell, usw. Viele Institutionen haben das verstanden und versuchen sich deshalb mit Diversity-Konzepten und -Angeboten zu überbieten.

Es ist deutlich geworden, dass nicht-weiße Menschen mehr mitbestimmen und eingebunden werden möchten. Dabei sollen Diversity-Maßnahmen helfen. Allerdings wird in diesem Zusammenhang nur selten über die damit verbundenen diskriminierenden Phänomene, wie Rassismus oder Sexismus, gesprochen. Und sollten diese Phänomene innerhalb der eigenen Strukturen doch vorkommen, werden sie nicht ernst genommen oder verharmlost. Diversity dient stattdessen einem anderen Zweck: Es soll ein bestimmtes Bild nach außen transportiert werden, auch wenn es im Inneren ganz anders aussieht. Das erinnert mich an den 2001 erschienenen Song „Family Portrait" der US-Sängerin P!nk, in dem sie über eine kaputte Familie singt, die nach außen hin strahlt und ein positives Image vermitteln will. Die Message: Wir lächeln alle Probleme weg und zeigen auf unserem „Family Portrait", wie glücklich wir alle sind — auch wenn dem nicht immer so ist.

Wenn gesellschaftliche Diskriminierung nicht machtkritisch reflektiert wird, bedeutet Diversity nur, dass unterschiedliche Identitäten zusammen leben, arbeiten und miteinander klarkommen — ohne jedwede Probleme. Es soll gezeigt werden, wie repräsentativ, bunt und vielfältig die Menschen in einer Institution sind. Und ja, es wird nachweislich eine gute Arbeitsatmosphäre geschaffen, wenn mehrere Identitäten im Team zusammenarbeiten. Marginalisierte Menschen bringen schließlich jede Menge Stärken und Erfahrungen mit, die andere Menschen nicht haben, was ein großes Potenzial für Arbeitgeber_innen darstellt. Doch mit den marginalisierten Identitäten fließen eben auch alltägliche Diskriminierungserfahrungen in die Arbeit mit ein. Hier haben Institutionen eine besondere Verantwortung, diese Menschen proaktiv vor Diskriminierung zu schützen. Das passiert aber noch viel zu selten, da verschiedene Identitäten häufig nur für das „Family Portrait" eingebunden werden. Dieses Phänomen nennt sich „Tokenism".

Unter Tokenism versteht man eine Praxis, bei der eine oberflächliche oder symbolische Anstrengung unternommen wird, Mitglieder einer marginalisierten Gruppe in Strukturen zu repräsentieren. Tokenism kann eine große Last für **Black, Indigenous, People of Color** (BIPoC) sein, nicht nur, weil sie dadurch das Gefühl haben, eine Gesamtheit als Minderheit repräsentieren zu müssen. So werden auf der Homepage von Institutionen beispielsweise auch oftmals nicht-weiße Menschen präsentiert, um Diversität nach außen darzustellen. Wenn Diversity-Maßnahmen aber nicht mit wirklicher Beteiligung und Inklusion verbunden sind, entsteht eine Diskrepanz zwischen dem diversen Bild nach außen und der Realität der Arbeitskultur. Dann wird Tokenism zu einem immensen Problem für Mitarbeiter_innen, die einer marginalisierten Gruppe angehören.

Von diesen Mitgliedern gesellschaftlich marginalisierter Gruppen — den sogenannten Tokens — wird dann erwartet, dass sie nicht nach oben rebellieren oder aufmucken. Sie sollen das sagen und reproduzieren, was in den privilegierten gesellschaftlichen Gruppen Konsens zu sein scheint. So werden zu bestimmten Themen manche Personen immer wieder zu öffentlichen Veranstaltungen eingeladen, weil sie ein dominierendes Narrativ bedienen und sich manchmal auch in reißerischer Manier gegen die eigene marginalisierte Community wenden. Wenn zum Beispiel Menschen, die sich selbst als Muslim_innen bezeichnen, vor einer Islamisierung in Europa warnen, dann tut das den weißen Ohren deutlich weniger weh und es wirkt auch weniger rassistisch, als wenn das weiße, nicht-muslimische Menschen sagen.

Weiße Menschen brauchen solche Tokens, die ihnen Schuld und Rassismus abnehmen können. Das ist die Erwartungshaltung von privilegierten Menschen, wenn sie marginalisierte Menschen ohne Inklusion für ihre eigenen Zwecke einbinden und Machtverhältnisse nicht kritisch reflektieren.

Mir wurde vor einiger Zeit von einer selbst marginalisierten Person gesagt, ich hätte einen Arbeitsauftrag allein nur deswegen erhalten, weil ich queer und of Colour bin. Weil man mich gut als Quote nutzen könne. Auch wenn diese Aussage als „systemische Kritik" gemeint war, hinterlässt sie bei mir, dem vermeintlichen Token, dennoch Spuren. Warum wird mir vorgeworfen, dass ich ins „Family Portrait" gezerrt wurde? Warum werden marginalisierte Menschen, die viel Zeit und Energie in ihren Kampf gegen Diskriminierung und für Empowerment gesteckt haben, als Token gesehen? Die betroffenen Menschen wollen nicht darauf reduziert werden, ein Token zu sein. Damit wird so vieles ausgeblendet, was sie ausmacht. Sie sind viel mehr als das und bringen auch viel mehr mit. Durch solche (von außen) projizierten Eigenschaften werden sie nicht gestärkt, sondern geschwächt.

Zu diesem Thema habe ich vor einiger Zeit einen Post auf Instagram verfasst, der sehr viel geteilt und kommentiert wurde. Viele marginalisierte Menschen sprachen von ähnlichen Erfahrungen und führten den Grund für eine solche Aussage auf Neid und Missgunst gegenüber „erfolgreichen" marginalisierten Menschen aus der eigenen Community zurück, es überhaupt auf das „Family Portrait" geschafft zu haben. Eine Followerin schrieb, dass wir es nicht gewohnt seien, uns gewinnen zu sehen. Es scheint somit unmöglich, wegen seiner persönlichen Erfahrungen und hart erarbeiteter Kompetenzen erfolgreich zu sein.

Was kann Menschen, denen Tokenism vorgeworfen wird, also geraten werden? Sie sollten auf sich Acht geben und nicht an sich zweifeln. Und was können andere tun? Im Arbeitsumfeld könnte man ihnen sagen, dass man stolz auf sie ist und sie dabei unterstützt, dass ihre Stimme gehört und ihr Potenzial wahrgenommen wird. Das ist Empowerment! All jene, die sich bisher nicht offen und ehrlich eingestanden haben, Diversität nur vordergründig für das „Family Portrait" einzusetzen, müssen sich zunächst einmal darüber bewusst werden. Danach sollten sie sich ernsthaft mit Diskriminierungsformen und der Frage auseinandersetzen, wie Diversity in den Strukturen einer Institution sinnvoll gefördert werden könnte. Denn: Diversity ist viel mehr als nur ein buntes Bild an der Wand. Es bedarf Sorgfalt und Verantwortung, um Schutz und Unterstützung für marginalisierte Menschen zu garantieren, damit sich alle Menschen gleichermaßen sicher und anerkannt fühlen und ehrlich miteinander umgehen können.

↖

Zuher Jazmati ist politischer Bildner, Podcaster, Trainer und DJ. Zudem ist er Vorstandsmitglied im Verein TakeOver — Verein für Intersektionale Kampagnenarbeit und Co-Host von BBQ — der BlackBrownQueere Podcast.

Deutsch und Muslimisch

Hybride Identitäten in einer postmigrantischen Gesellschaft

Asmaa Soliman

Die Frage nach der Vereinbarkeit von Muslimischsein und Deutschsein ist für viele junge Muslim_innen in Deutschland längst beantwortet: Ja, selbstverständlich. Dieses Verständnis auf der einen Seite trifft jedoch nicht immer auf die Akzeptanz der anderen Seite. Immer wieder gibt es Momente, in denen in der Mehrheitsgesellschaft die Gleichzeitigkeit der beiden Identitäten — in den Sozialwissenschaften als „hybride Identitäten" beschrieben — in Frage gestellt, abgelehnt oder gar angegriffen wird.

In meiner Arbeit als Soziologin beschäftige ich mich mit dieser Frage auch deshalb, weil ich als deutsche Muslima mit ägyptischen Wurzeln direkt davon betroffen bin. Im Rahmen meiner Forschung habe ich mich darüber mit jungen Menschen unterhalten, die sich sowohl als deutsch als auch als muslimisch verstehen. Identität und Zugehörigkeit ist auch das bestimmende Thema im Netzwerk der Jungen Islam Konferenz, die ich leite. Im folgenden Beitrag möchte ich einen Einblick geben in ihre hybriden Identitäten — sowohl in ihrer Selbstwahrnehmung als auch in der Fremdwahrnehmung.

Wie nehmen sich diese jungen Menschen selbst wahr? Ihre Identitäten sind von Migrationsgeschichten innerhalb der eigenen Familie geprägt. Auch deshalb sprechen wir hier von der postmigrantischen Generation. Hybride Identität steht für ein Sowohl-als-auch von mehreren ethnischen, nationalen und religiösen Wesensbestandteilen in einer Person, die sich auch immer wieder verändern können.

„Marokkanisch, das sind die Wurzeln, das sind die Eltern, das ist das Elternhaus,
die Erziehung und ja — etwas ganz Schönes …, aber ich bin … auch nicht 100
Prozent nur das, sondern ich bin durch und durch deutsch … Muslima natürlich
… Ich versuche weitgehend ein spirituelles Leben zu führen."

So beschreibt sich die Bonner Sozialarbeiterin Saloua Mohammed, Mitbe-
gründerin des Lifemaker-Netzwerks, das soziales Engagement fördert. Und
so verstehen viele junge Menschen ihre hybride Identität: Sie haben mehrere
Identifikationspunkte, sind nicht nur das eine oder das andere. Deshalb
wehren sie sich auch gegen das Einfordern einer Eindeutigkeit.

„Ich gebe die Fakten, wenn jemand mich fragt, woher ich komme. Ich habe tür-
kische Wurzeln, bin in Deutschland geboren und aufgewachsen. Ich versuche
mehr oder weniger die Frage: Bist du deutsch oder türkisch oder muslimisch oder
was auch immer zu umgehen, weil ich das Gefühl habe, dass sie einschränkend
ist." Das sagt Kübra Gümüsay, deutsche Muslima mit türkischen Wurzeln aus
Hamburg. Sie ist Journalistin und Gründerin des Blogs *Ein Fremdwörterbuch.*
In ihrer Arbeit spielt ihre hybride Identität eine wichtige Rolle.

Junge Muslim_innen, die in Deutschland aufgewachsen und sozialisiert
sind, verstehen sich ganz selbstverständlich als Deutsche. Die Künstlerin
Tasnim Baghdadi, deutsche Muslima mit marokkanischen Wurzeln, beschäftigt sich in ihrer Kunst intensiv mit dem Thema Identität. Baghdadi
nimmt es so wahr:

„Was mich wirklich deutsch macht, ist die Tatsache, dass ich in Deutschland
geboren wurde und aufgewachsen bin. Als ich angefangen habe, darüber
nachzudenken, realisierte ich: Okay, wenn du träumst, träumst du auf Deutsch;
wenn du denkst, denkst du auf Deutsch. Also heißt das, dass man irgendwie
auch mit einer deutschen Lebensart verbunden ist."

Hinsichtlich ihrer muslimischen Identität beschreiben viele, dass der Islam
eine wichtige Rolle in ihrem Leben spielt, die über eine reine konfessionelle
Zugehörigkeit hinausgeht. Vielmehr bedeutet der Islam für sie ein umfas-
sendes und sinnstiftendes Lebenskonzept.

„Islam ist nicht nur eine Sache, die ich nebenbei bin, sondern die ich aktiv fortwährend bin. Sei es jetzt in der Hilfe, die ich meinen Nachbarn anbiete, oder in der Art und Weise, wie ich versuche mich auszudrücken in der Gegenwart anderer Menschen."

So beschreibt der Berliner Youssef Adlah seine Beziehung zum Islam. Er ist Mitbegründer der deutsch-muslimischen Poetry-Gruppe I-Slam, die jungen Muslim_innen aus Deutschland künstlerische Wege zum Selbstausdruck anbietet.

Die nächsten Aussagen verdeutlichen die Fremdwahrnehmung der hybriden Identitäten. Besonders das Deutschsein wird deutschen Muslim_innen oft von Seiten der Mehrheitsgesellschaft abgesprochen.

Duygu Hepaydinli aus dem Netzwerk der Jungen Islam Konferenz setzt sich in ihrem Blogartikel mit ihren Erfahrungen als „anders" markierte Person in einer weißen deutschen Gesellschaft auseinander. Eine zentrale Rolle hat dabei ihre Muttersprache Deutsch.

„Deutsch ist meine Muttersprache. Ich werde sie daher in Anspruch nehmen, sie formen, wie es mir passt, sie sezieren, bis ich genug Platz in ihr habe, bis meine Existenz in ihr Normalität ist."

Auch Soufeina Hamed berichtet von der mangelnden Anerkennung ihrer Identität. Hamed ist in Berlin aufgewachsen, arbeitet als freie Künstlerin und thematisiert in ihren Comics immer wieder ihre Identität.

„Ich habe auch das Gefühl, dass ich nie wirklich als Teil der deutschen Kultur gesehen werde, obwohl ich einen deutschen Pass habe, meine Mutter deutsch ist und ich mich deutsch fühle. Man ist automatisch in einer Position, in der man sich verteidigen muss, um sich für seine Wahl zu rechtfertigen."

Für viele junge deutsche Muslim_innen sind ethno-nationale Definitionen des Deutschseins veraltet und ausgrenzend, da sie — wie der Kulturwissenschaftler Werner Schiffauer kritisiert — keinen Verhandlungsspielraum für hybride Identifikationen bieten. Auf der letzten Bundeskonferenz der Jungen Islam Konferenz im Oktober 2020 entstand gemeinsam mit den jungen

Podcasterinnen Erva und Delal von „Gedankensalat" eine gemeinsame Folge mit dem Titel „Generation Postmigrantisch — Wer sind wir?". Die Konferenzteilnehmerin Nora Radia Aberkane beschreibt die Entwicklung zu einer hybriden Identität folgendermaßen:

„Ich glaube, jede_r hatte die Phase, wo man alles ablehnt, versucht, so deutsch wie möglich zu sein. Genauso durchlaufen viele vorher oder nachher die Phase, wo man alles Deutsche ablehnt. Und ich glaube, das Ziel muss sein, dieses Deutschsein anders zu definieren."

Das Deutschsein anders zu definieren ist ein laufender Prozess, der unsere postmigrantische Gesellschaft ausmacht. Um eine freie Entfaltung von hybriden Identitäten zu ermöglichen und die Kluft zwischen Selbstwahrnehmung und Fremdwahrnehmung zu überwinden, ist eine kritische Selbstreflexion starrer Konzepte des Deutschseins heute wichtiger denn je. Diskurse, die sich auf ein restriktives Verständnis des Deutschseins berufen, spiegeln sich innerhalb des politischen Raums insbesondere in der Leitkulturdebatte wider, die immer wieder von unterschiedlichen Politiker_innen wiederbelebt wird. Gleichzeitig werden kritische Stimmen, die sich für ein inklusives Verständnis des Deutschseins einsetzen, immer lauter und wir beobachten eine zunehmende Sichtbarkeit von Politiker_innen mit Migrationsgeschichte, die durch ihre postmigrantischen Perspektiven den Diskurs mitgestalten.

↖

Dr. Asmaa Soliman ist Leiterin der Jungen Islam Konferenz sowie des Kompetenznetzwerks Zusammenleben in der Einwanderungsgesellschaft bei der Schwarzkopf-Stiftung Junges Europa. Zu ihren Schwerpunkten Diversität und Islam in Europa arbeitet sie sowohl in der Wissenschaft als auch in der Praxis.

„Junge Menschen mit Migrationsgeschichte sollten sich in ihrem Kampf für politische Teilhabe nicht verstellen müssen. Ich gehöre der sogenannten zweiten Generation an. Wir erfahren Diskriminierung, obwohl wir in Deutschland geboren sind, fließend Deutsch sprechen und teilweise auch die deutsche Staatsangehörigkeit besitzen. All das schützt uns aber nicht vor verschiedenen Formen von Ausgrenzung, angefangen bei rassistischen Mikroaggressionen — nach oben hin sind leider keine Grenzen gesetzt."

„Es ist nichts gewonnen, wenn nur wenige — verhältnismäßig privilegierte — Menschen mit Migrationsgeschichte politisch mitgestalten können und sich im Zuge dessen an der Unterdrückung anderer Mitglieder ihrer Community beteiligen. Es gilt, einen ganzheitlichen Ansatz zu finden und umzusetzen, der nicht nur den ‚Vorzeige-Ausländer_innen' dient."

→ **Sophia Annahita Farroukh**

„Sicherlich gibt es in jeder Partei Menschen, die junge Menschen mit Migrationshintergrund in ihren Reihen haben wollen. Sie sollten es zeigen! Wenn junge Menschen sehen können, dass und wie sie in einer Partei mitmachen können, dann würden sie sicher auch darüber nachdenken, sich dort zu engagieren. Man darf aber auch nicht vergessen, dass es sich nicht jede_r leisten kann, sich politisch zu engagieren. Vielen jungen Menschen mit Migrationsgeschichte fehlt es an Zeit und Geld für ehrenamtliche Tätigkeiten. Ihre Familie kann sie nicht finanziell unterstützen, und sie müssen arbeiten gehen. Auch diese Fragen sind ein Handlungsfeld für die politischen Parteien."

→ **Daniyar Egen**

VER ANT WOR TUNG

„Ich habe als staatenloses Kind und junge Frau bis zu meinem 15. Lebensjahr erlebt, was es heißt, nicht teilhaben zu dürfen. Nicht reisen zu dürfen und von den Entscheidungen anderer abhängig zu sein. Politische Teilhabe bedeutet daher für mich Freiheit. Sie ist für mich eine Garantie dafür, dass ich als Individuum anerkannt und respektiert werde. Dass ich keiner Willkür ausgesetzt bin, sondern mich wehren kann. Auch deshalb setze ich mich als Sozialdemokratin dafür ein, dass Menschen politisch teilhaben können, sich einbringen und unsere Demokratie mitgestalten dürfen."

„Dazu gehört auch, dass ich Migrant_innen dazu ermutige, in die Politik zu gehen. Und dass ich die Politik ein bisschen aufmische mit meiner Art, Politik zu machen — als Migrantin, als Frau, als jemand, der nie davor ausgewichen ist, Entscheidungen zu treffen, Klartext zu reden, und deshalb auch von vielen angefeindet wird. Diese Anfeindungen und der zunehmende Hass sind leider Grund dafür, dass manche davor zurückschrecken, in die Politik zu gehen, weil sie Angst bekommen und denken: Das möchte ich mir nicht antun. Wenn ich gefragt werde, wie ich es schaffe, nicht aufzugeben und warum ich nicht einfach hinwerfe, dann denke ich: Nein, das kann ich nicht, denn ich habe eine Verantwortung! Und wenn ich einfach sagen würde, ich höre jetzt auf, dann würde ich den Rechten zu viel Raum geben. Das wäre eine Kapitulation."

→ **Sawsan Chebli**

„Hip-Hop ist eine Blaupause dafür, wie sich Menschen am Rand der Gesellschaft selbst ermächtigen und zeigen können, dass sie einen Wert haben. Bis dato, aber vor allem in den Anfangsjahren von Hip-Hop, passierte das hauptsächlich über Kunst und Kultur. Leute, die in New York an den Rand der Gesellschaft gedrängt wurden, denen vermittelt wurde, im kapitalistischen System seid ihr nichts wert, die haben gesagt: Doch, guck mal, was wir alles können, was wir alles aufgebaut haben. Und von diesem Vom-Rand-Denken haben sie es geschafft, die Kunstwelt in Malerei, Musik, Tanz im wahrsten Sinne des Wortes auf den Kopf zu stellen. Sie haben aus einer Subkultur eine weltweite Leitkultur gemacht. Wenn wir uns vorstellen, wir würden nur einen Hauch davon auf unsere demokratischen Prozesse übertragen ... Dann würden wir wieder anfangen, vom Rand her zu denken und nicht von der Wichtigkeit der Wirtschaft oder der Wichtigkeit von älteren weißen Männern ausgehen. Wofür ich kämpfe ist, dass die Gesellschaft nicht die Schwachen vergisst — gerade wenn ich an den Lockdown denke. Corona hat uns gezeigt, wozu wir als Staat und als Gesellschaft in der Lage sind. Würden wir Rassismus und den Klimawandel so ernst nehmen wie Corona, dann hätten wir solche Probleme in ein paar Jahren gelöst. Das sind diese Sachen, bei denen ich merke, da lohnt es sich, richtig zu kämpfen. Ich glaube, das letzte Jahr war für uns ein großer Augenöffner."

→ Raphael Moussa Hillebrand

Weg vom Katzentisch

Teilhabe und Vielfalt im (jungen) Engagement

Nina-Kathrin Wienkoop

Politiker_innen fordern immer wieder, dass sich Menschen mit Migrationsgeschichte aktiv in die Gesellschaft einbringen und letztlich auch selbst integrieren sollen. Diese Erwartung an Verantwortungsübernahme steht allerdings in Kontrast zur fehlenden Gleichberechtigung von Menschen mit Migrationsgeschichte. Das wird zum Beispiel im Bereich des bürgerschaftlichen Engagements deutlich. Zahlreiche Förderprogramme haben zum Ziel, über eine Unterstützung des Ehrenamts einen Beitrag zur gesellschaftlichen Integration zu leisten. Erreicht werden sollen insbesondere Vereine, die sich selbst als migrationsbezogen plural, neu deutsch oder migrantisch verstehen — diese fehlen jedoch nicht selten in den verbandspolitischen Interessenvertretungen.

Besonders prägnant zeigt sich dieses Phänomen beim jungen Engagement. Wie auch im Ehrenamt insgesamt ist hier ein regelrechter Gründerboom von Initiativen, Vereinen und Projekten festzustellen, die sich für gesellschaftlichen Zusammenhalt einsetzen und diesen auch aktiv in ihrem gemeinsamen Engagement leben. Mit Blick auf junge Menschen mit Migrationsgeschichte ist die Landschaft besonders vielfältig. Ihre Aktivitäten sind in den Medien und im Internet, aber kaum in der jugendpolitischen Verbandspolitik sichtbarer geworden. In den zentralen Interessenvertretungen wie den Jugendringen oder den Jugendhilfeausschüssen sind sie deutlich unterrepräsentiert. Strukturelle wie diskursive Hürden erschweren es bestimmten Vereinen,

48

dort vertreten zu sein. Da überrascht es schlussendlich auch nicht, dass sich viele Vereine zu eigenen Bündnissen zusammengeschlossen haben, wie zum Beispiel in der Arbeitsgemeinschaft Interkultureller Jugendvereine (AGIJ) in Hamburg, im Jugendmigrationsbeirat (JMB) in Berlin oder bundesweit mit anderen Vereinen außerhalb des Jugendbereichs zu neuen deutschen organisationen (ndo).

Junge Engagierte berichten davon, dass sie sich unwohl fühlen, wenn sie nach ihrer „richtigen" Heimat gefragt werden oder ihre Lebensrealität in den Inhalten und Förderbedingungen von Programmen nicht mitgedacht wird. So können zum Beispiel Organisationen oder Vereine nur dann Mitglied im Deutschen Bundesjugendring werden, wenn sie mindestens 25.000 formale Mitglieder haben und in der Mehrheit der Bundesländer mit öffentlichen Präsenzen vertreten sind. Neuere Initiativen haben zwar oftmals eine große Reichweite, aber nicht zwangsläufig die notwendigen Kapazitäten, das Knowhow oder das Kapital, in mehreren Bundesländern Standorte aufzubauen. Hier zeigt sich ein Teufelskreis: Aufgrund der voraussetzungsvollen Zugänge zur Jugendverbandspolitik und der damit verbundenen Regelförderung bleiben viele Vereine und Organisationen davon ausgeschlossen. Meist kommen sie nur über Kooperationen mit etablierten Vereinen an Gelder, berichten allerdings, dass ihnen auch nach den Kooperationsprojekten weiterhin das Wissen über Förderrichtlinien und Abrechnungen fehlt, da diese Aufgaben federführend beim „großen" Partner lagen. Am Ende landen Vereine, die sich selbst als migrantisch, neu deutsch oder migrationsbezogen plural verstehen, nicht selten in der Projektförderung zu Präventions- und Integrationsthemen, womit ihnen signalisiert wird, dass sie nicht richtig dazugehören. Sie werden nicht als reguläre jugendpolitische Vertretungen betrachtet, sondern als Integrationsakteure.

Einige von ihnen haben allerdings auch kein Interesse daran, ihre überregionalen, digitalen Aktivitäten zu formalisieren oder an Standorte zu binden. Das betrifft viele der neueren Akteure, die im Jugendengagement präsente Stimmen mit großer Reichweite sind. Zudem schrecken das deutsche Vereinsrecht und die bürokratischen Prozesse viele Kollektive ab, sich überhaupt als Verein formal einzutragen, auch weil im Anschluss daran junge Menschen, die mit der Digitalisierung aufgewachsen sind, nur schwer von einer festen Vereinsmitgliedschaft überzeugt werden können. Hier verpassen Organisationen die Vorteile, die eine Anerkennung als Verein und seiner Gemeinnützigkeit mit sich bringt, wie beispielsweise in steuerrechtlicher und finanzieller Hinsicht. Positiv kann sich aber auch der Zugewinn an Vertrauen von anderen Institutionen auswirken, der mit einer Vereinsform bis heute einhergeht. Gleiches gilt für die Präsenz in Interessenvertretungen der Jugendverbandsarbeit. Sie ermöglichen es, vertrauensvolle Bindungen aufzubauen und nicht zuletzt Jugend(verbands)politik in Deutschland mitzugestalten und zu repräsentieren.

Dass das Thema so wenig Aufmerksamkeit erfährt, ist verwunderlich. Dabei belegen Studien immer wieder, wie relevant die ersten Erfahrungen von Teilhabe und Verantwortungsübernahme in der Gesellschaft für die Sozialisierung als politisches Subjekt und die spätere Übernahme von Führungspositionen sind. Junge Menschen übernehmen diese erste politische Verantwortung meist aber nicht in Parteien oder Gewerkschaften, sondern in der Freiwilligenarbeit nach dem Abitur oder als Engagierte im Verein. Als Ehrenamtliche lernen sie, ihre Interessen zu artikulieren, mit anderen auszuhandeln und diese auch nach außen zu vertreten — Eigenschaften, die es für mündige Bürgerschaft braucht.

In eben dieser (ersten) Erfahrung der gesellschaftlichen Verantwortungsübernahme erleben Menschen, wer sich gleichberechtigt beteiligen kann, wessen Stimme bei welchen Themen zählt. Wenn Menschen mit Migrationshintergrund auf Integrations- und Migrationsthemen reduziert werden und der Zugang zu Machtpositionen verschlossen bleibt, wird ihnen von außen zugeschrieben, fremd zu sein und nicht in gleichem Maße dazuzugehören. Der Soziologe Aladin El-Mafaalani hat beschrieben, wie die erste Einwanderergeneration noch am Katzentisch saß. Ganz ähnlich wird der heutigen Generation junger Menschen, die oftmals primär über ihre Eltern Bezüge in andere Länder und Kulturen haben, indirekt vermittelt, dass auch sie nicht an den (Verhandlungs-)Tischen dazugehören. In Institutionen wie Parlamenten, Verwaltungen, aber auch in Vereinen und deren Interessenvertretungen sind sie kaum vertreten. Die Vielfalt unserer Gesellschaft wird dort also nicht widergespiegelt und es wird weiterhin zu oft über die Menschen statt mit den Menschen mit Migrationsgeschichte gesprochen.

Es ist nicht davon auszugehen, dass sich das Problem über die Zeit und mit dem Generationenwechsel von alleine lösen wird und die gläsernen Decken einfach schwinden. Das widerspricht den Beobachtungen aus dem jungen Engagement und vielen Bereichen der Teilhabe. Blicken wir auf Best-Practice-Beispiele von Vereinen, Institutionen und Organisationen, denen dieser Wandel gelungen ist, dann stellen wir fest, wie stark es — zumindest zu Beginn — von einzelnen Menschen abhängt. Meist erkämpfen sich Einzelne als Erste eine zentrale Position und fungieren danach als Vorbilder. Forschungen dazu haben auch längst gezeigt: Vorbilder haben keinen rein symbolischen Wert, sondern sie ermutigen und befähigen Menschen dazu, ihnen zu folgen und Verantwortung zu übernehmen — was dazu führt, dass zukünftig Verantwortungspositionen auch neu und anders besetzt werden können.

↖

Dr. Nina-Kathrin Wienkoop leitet die Programmlinie Demokratie und Gesellschaft bei der Bundeskanzler-Helmut-Schmidt-Stiftung. Sie forscht, lehrt und publiziert zu Themen wie der Resilienz von Demokratien, Jugendbewegungen, Organisationsentwicklung und Debattenkultur.

Wir fragen nicht nach Herkunft

Gewerkschaftliches Engagement von Menschen mit Migrationsgeschichte

Im Gespräch mit Fessum Ghirmazion

Eine Studie des Berliner Instituts für empirische Integrations- und Migrationsforschung (BIM) von 2016 attestiert der IG Metall, die größte politische Organisation in Deutschland zu sein, in deren Mitgliedschaft Menschen mit Migrationsgeschichte entsprechend ihrem Anteil an der Bevölkerung vertreten sind. Darüber hinaus sind Wahlämter überproportional häufig von ihnen besetzt. Was sind die Gründe dafür?

Das hat zwei Hauptgründe. Erstens kümmert sich die IG Metall seit mehr als 60 Jahren erfolgreich um Fragen von Migration und Integration. Es ging immer darum, Beschäftigte ohne deutschen Pass beziehungsweise mit einem Migrationshintergrund den Zugang zu gleichen Rechten zu ermöglichen. Auch im Hinblick auf eine Verbesserung der Arbeitsbedingungen und ein gerechtes Entgelt wird nicht nach der Herkunft gefragt und die Kolleg_innen stehen im Alltag zusammen. Praktisch fühlbar ist das insbesondere bei betrieblichen Aktionen, zum Beispiel im Rahmen der Tarifbewegung.
Zweitens können schon seit den 1970er-Jahren alle Beschäftigten — unabhängig von ihrer Staatsbürgerschaft — an den Betriebsratswahlen teilnehmen und für alle Ämter kandidieren. Auch die IG Metall hat diesen Gedanken der Gleichstellung verinnerlicht, bis hin zu ihrer Satzung. Von Anfang an ist klar: Du bist Mitglied, du hast Rechte und wir möchten, dass du dich einbringst. In unserer Bildungsarbeit stärken wir unsere Mitglieder, geben ihnen Rüstzeug mit und bereiten sie dadurch für entsprechende Funktionen vor.

Inwiefern spielt Vielfalt, aber auch Rassismus und Diskriminierung in den internen Strukturen und Prozessen der IG Metall eine Rolle?

Die IG Metall steht ganz fest auf dem Fundament ihrer ehrenamtlichen Kolleg_innen — sie gehören demnach zu den internen Strukturen. Dass 25 Prozent der Betriebsratsmitglieder und 34 Prozent der Vertrauensleute einen Migrationshintergrund haben, verdeutlicht die Vielfalt der IG Metall. Gleichzeitig hat uns die Studie gezeigt, dass mit 9 Prozent bei den Betriebsratsvorsitzenden und mit 17 Prozent bei den Mitgliedern der Delegiertenversammlung in den Geschäftsstellen noch Luft nach oben ist.

Junge Menschen sind eine strategische Zielgruppe in ihrer Werbungsstrategie für neue Mitglieder. Welche Rolle spielt der Migrationshintergrund und das Thema Diversity in der Ansprache, aber auch in den politischen Angeboten?

In der Tat sind junge Menschen eine wichtige Gruppe der Organisation. Es ist entscheidend, sie bereits beim Start ihrer Ausbildung beziehungsweise beim Beginn ihres Erwerbslebens zu erreichen und somit so früh wie möglich als Mitglied zu gewinnen. In Bezug auf das Erwerbsleben sind die Bedürfnisse junger Menschen — unabhängig von der Herkunft — ähnlich: Sie wünschen sich faire Ausbildungsbedingungen, ein auskömmliches Gehalt sowie eine sichere Übernahme.

Knapp 30 Prozent unserer Mitglieder unter 35 Jahren haben einen Migrationshintergrund, was sich auch in der Arbeit der „Jungen IG Metall" widerspiegelt. Beispielsweise ist das Ansprachematerial vielfältig gestaltet. Junge Menschen mit Migrationshintergrund werden gezielt dazu eingeladen, bei uns mitzuwirken und für eine vielfältige Gesellschaft zu kämpfen. Da sie in vielen gesellschaftlichen Positionen und Funktionen unterrepräsentiert sind, ist es umso wichtiger, genau diese Zielgruppe zu empowern und zu ermutigen, sich gemeinsam mit uns gegen strukturelle Benachteiligung zu engagieren.

Nicht zuletzt ist die Jugend das zentrale Organ, wenn es um die antirassistische und antifaschistische Arbeit geht. Mit ihrer Kampagne „Klare Kante" hat sie sich klar gegen Rechte im Betrieb und der Gesellschaft gestellt — sie ist eine wichtige Bündnispartnerin für Beschäftigte mit Migrationshintergrund.

Die junge Generation ist politisch interessiert, gerade in der Klimapolitik oder im Kampf gegen Rassismus, engagiert sich aber wenig in Großorganisationen wie Gewerkschaften und Parteien. Gerade Menschen mit Diskriminierungserfahrungen bleiben etablierten Strukturen lieber fern. Einladungen und Appelle zur Mitgestaltung sind eher wirkungslos. Was müsste Ihrer Meinung nach getan werden?

Diese allgemeine Beschreibung stimmt — allerdings nur auf den ersten Blick. Seit mindestens 20 Jahren verzeichnen alle Großorganisationen eine Reduktion ihrer Mitgliederzahlen, vor allem Kirchen und Parteien, aber auch die DGB-Gewerkschaften. Als IG Metall konnten wir in den letzten Jahren diesen Trend allerdings stoppen und den Mitgliederbestand stabilisieren. Bei den unter 35-Jährigen ist es uns vor Corona sogar gelungen, kontinuierlich zu wachsen.

Die letzte Shell-Jugendstudie von 2019 macht Hoffnung, dass sich diese Entwicklung fortsetzt: Beim Ranking der vertrauensvollsten Institutionen lagen die Gewerkschaften auf Platz vier — nach Polizei, Bundesverfassungsgericht und Umweltschutzgruppen.

Dabei ist klar: „One size fits all" funktioniert schon lange nicht mehr. Der Einfluss von Organisationen ist stark abhängig davon, inwiefern es den Vertreter_innen vor Ort gelingt, auf junge Menschen einzugehen und ihnen auch ein Vorbild zu sein. Hierfür braucht es mehr gemeinsame Begegnungsräume, um Solidarität erlebbar und spürbar zu machen. Die Ansprache muss persönlich und zielgruppenspezifisch erfolgen.

Gewerkschaften haben somit die Aufgabe, Beteiligungsmöglichkeiten im Betrieb und darüber hinaus zu schaffen. Vor Ort setzt das Erfahren von (Selbst-)Wirksamkeit an und hier können einzelne Mitglieder einen Unterschied machen.

Die Bündnisarbeit mit anderen gesellschaftlichen Akteur_innen hat für uns in den letzten Jahren stark an Bedeutung zugenommen. Gewerkschaften dürfen nicht nur in der Arbeitswelt ein wichtiger Player sein, sondern auch bei anderen zentralen sozialen Fragen, etwa dem Klima. Hier haben wir neue Kooperationen geknüpft, treten im Bündnis auf und gehen neue Wege. So stehen wir beispielsweise im engen Austausch mit „Fridays for Future". Der notwendige ökologische Umbau der Wirtschaft und der Kampf gegen die drohende Klimakatastrophe werden nur dann gelingen, wenn Ökologie und Ökonomie konsequent zusammengedacht werden.

Ähnliches gilt bei den Fragen rund um Rassismus und Teilhabe. Auch hier ist die Bündnisarbeit immer entscheidender. Wir haben zu den #unteilbar-Demonstrationen aufgerufen und uns aktiv daran beteiligt. Denn Demokratie, Menschenrechte, soziale und gesellschaftliche Teilhabe sind nichts, was einfach da ist. Sie müssen täglich erstritten und verteidigt werden. Immer stärker sind wir auch mit Migrant_innenorganisationen beziehungsweise „Neuen Deutschen Organisationen" im Austausch und engagieren uns gemeinsam gegen Rassismus und Rechtsextremismus.

Ich denke, solche Aktivitäten werden besonders von jungen Menschen positiv wahrgenommen. Denn politische Glaubwürdigkeit, werteorientiertes Handeln und gelebte Solidarität haben gerade für Jugendliche einen hohen Stellenwert. Es geht ihnen um die Sache und sie wollen auch emotional abgeholt werden. Als IG Metall gilt es, diesen Erwartungen Rechnung zu tragen und in unserem Handeln zu berücksichtigen.

Dr. Fessum Ghirmazion ist Politischer Sekretär bei der IG Metall und dort im Ressort Migration und Teilhabe tätig. Er hat Politikwissenschaft, Soziologie sowie Friedens- und Konfliktforschung studiert und im Themenbereich Arbeitsmigration promoviert.

SICHT
BAR
KEIT

„Mir fällt schon auf, dass ich der erste hauptamtliche Stadtrat der Stadt Frankfurt mit Migrationshintergrund bin. Ich habe in den letzten Jahren festgestellt: Je weiter ich gekommen bin, desto weniger Menschen mit Migrationshintergrund bin ich in diesem Umfeld begegnet. Als Planungsdezernent spreche ich bei Veranstaltungen manchmal vor 150 Fachleuten, und da haben keine 10 Prozent einen Migrationshintergrund. Auch in unserem Magistrat oder bei meinen Kolleg_innen im Deutschen Städtetag, die wie ich Planungs- beziehungsweise Baudezernent_innen sind, fällt mir niemand ein. Man merkt, dass die Luft immer dünner wird, je weiter man kommt — und das spiegelt so gar nicht unsere Gesellschaft wider. Wir reden immer wieder darüber, dass wir zum Beispiel mit Frauenquoten — was ich richtig finde — dazu beitragen können, unsere gesamte Gesellschaft zu repräsentieren. Bei Menschen mit Migrationshintergrund ist das fast noch gravierender. Diese Menschen sind ja nicht dümmer oder klüger. Es ist aber schon auch eine Frage der Einstellung. Gerade Menschen mit Migrationshintergrund hinterfragen sich viel öfter: Soll ich das machen? Kann ich das machen? Was wird von mir erwartet? Das fängt schon bei der Kommunalpolitik an. Da würde ich mir mehr Mut wünschen, dass sie sich einfach viel mehr trauen.“

→ **Mike Josef**

„Ich glaube, es gibt eine Generation von jungen Menschen, die viel stärker und viel deutlicher sichtbar und auch anerkannt werden wollen. Für mich spielt dabei das Netz eine große Rolle, weil ich erlebe, dass durch das Netz klassische Gatekeeper umgangen werden können, also Leute, die darüber entscheiden, was Mainstream-Medien berichten. Dass wir heute so einen Podcast aufnehmen und einer breiten Masse übers Internet zugänglich machen können, ist ein Beispiel für dieses klassische Umgehen von Gatekeepern. Oder auch, wenn ich bei Twitter oder Instagram Videos oder Texte von mir teilen kann und dadurch eine breite Masse erreiche. Dann muss ich nicht schauen, ob eine große Zeitung einen Artikel darüber bringt oder ob das irgendwie in den Nachrichten vorkommt. Das ist etwas, wo ich ganz viele Chancen sehe, und ich glaube, auch ganz viele andere Menschen mit Migrationsgeschichte begreifen das als Chance. Sich sichtbar zu machen und zu zeigen: Hey, wir sind nicht nur eine kleine Minderheit, sondern wir sind ganz viele und wir haben ganz unterschiedliche Positionen. Das gehört nämlich auch dazu: anzuerkennen, dass wir viele sind und dass wir alle unterschiedliche Erfahrungen und unterschiedliche Positionen haben. Und im Kern vereint uns dann oft der Hass, den wir als Menschen mit Migrationsgeschichte uns gegenüber erleben.“

→ **Amina Yousaf**

Abbild oder Zerrbild

Warum die mediale Repräsentation aller Lebensrealitäten so wichtig ist

Iva Krtalic

„Wenn ich eine Migrantin als Moderatorin sehe, denke ich: Cool, sie hat es geschafft!" Das sagte eine junge Frau, die 2020 an einer Studie des Westdeutschen Rundfunks (WDR) teilgenommen hat. Wir haben dafür rund 500 junge Menschen zwischen 20 und 40 Jahren aus Nordrhein-Westfalen mit einem sogenannten Migrationshintergrund gefragt, wie sie Medien nutzen und welche Erwartungen und Wünsche sie an die Medien haben — an die Medien allgemein, aber insbesondere an die Öffentlich-Rechtlichen.

In Nordrhein-Westfalen, dem Sendegebiet des WDR, hat mehr als jeder vierte Mensch eine Zuwanderungsgeschichte, in den Städten trifft es fast auf die Hälfte der jungen Generation zu. In unserer Studie wollten wir also die Lebensrealität einer Generation erforschen, die in einer von Einwanderung und Interkultur geprägten Gesellschaft lebt, einer Gesellschaft, in der binäre Aufteilungen in Einheimische und Zugewanderte größtenteils nicht mehr aussagekräftig sind. Es ging uns um die Frage, wie die Medien diese Realität abbilden und wie dieses mediale Bild von jungen Menschen wahrgenommen wird.

Zwei Hauptergebnisse unserer WDR-Studie stechen heraus: eine große Vielstimmigkeit unter den Befragten und der Wunsch nach mehr Sichtbarkeit.

Die Antworten haben zum einen gezeigt: Hinter dem rein statistischen Etikett „Migrationshintergrund" verbirgt sich eine ganze Palette an biografischen und kulturellen Erfahrungen, Meinungen und Perspektiven. Die kulturelle Prägung, die in der politischen Debatte so oft angenommen, ja fast unterstellt wird, ist also nur ein Merkmal neben weiteren wie Generationszugehörigkeit oder sozialer Lage. Dass die thematischen Interessen kaum von denen der Gleichaltrigen ohne Zuwanderungsgeschichte abweichen, bestätigt das. Was das für die Medien und die Politik bedeutet, liegt auf der Hand: Es ist ein differenzierter Blick auf die Einwanderungsgesellschaft notwendig.

Zum anderen wurde deutlich, dass die Befragten mehr Menschen, die ebenfalls eine Einwanderungsgeschichte haben, in den Medien sehen möchten. 62 Prozent fanden das „wichtig" oder „sehr wichtig". Wenn junge Menschen Anspruch erheben, auch in den klassischen Medien sichtbar zu werden, dann wollen sie auch in der medialen Repräsentation die eigene Lebensrealität nicht als Ausnahme, sondern als Teil des Bildes der gesellschaftlichen Normalität sehen.

Mir scheint es, dass sich dieser Wunsch nach Sichtbarkeit als Teil der Normalität über die Medien hinaus auf alle Bereiche der öffentlichen Sphäre übertragen lässt: auf Politik, Bildung, Wissenschaft oder Kultur. Denn eine fehlende Sichtbarkeit offenbart ein Schlüsseldefizit: Während die Gesellschaft immer pluraler wird, bleiben die Kategorien, mit denen Zugehörigkeit zur Nation oder Kultur definiert werden, relativ starr. Menschen mit sichtbar internationalen Biografien sind in öffentlichkeitswirksamen Rollen immer noch die Ausnahme — sie werden oft erst dann zu Protagonist_innen, wenn es um die „Migrationsfrage", die „Integrationsaufgabe" oder die Konflikte rund um die Einwanderungspolitik geht. Trotz der täglich gelebten Realität in einer Einwanderungsgesellschaft ist häufig immer noch von Leitkultur, Parallelgesellschaft, von „anderen Kulturen" die Rede.

Dabei sind wir hier in Deutschland schon längst eine „andere Kultur" geworden. Unsere Gesellschaft gestaltet und erneuert sich kontinuierlich durch die Erfahrung der Migration und die interkulturelle Interaktion — kulturell, sozial, demografisch, politisch. Sie ist im wahrsten Sinne des Wortes „postmigrantisch". Das macht unsere Gesellschaft dynamisch, doch die medialen

Bilder sind oft statisch, sie sehen Kultur als etwas klar Definiertes, Unbewegliches. Trotz der Normalisierung der Vielfalt spiegelt sich diese noch unzureichend in den Medien oder in der politischen Diskussion wider.

Die junge Generation geht heute selbstverständlich und emanzipiert mit ihrer Geschichte und ihrem Platz in der Gesellschaft um. „Wir sind hier", sagen sie und suchen selbst Wege, um gesehen und gehört zu werden: in Medienformaten im Netz, in den sozialen Netzwerken oder in politischen Bewegungen.

Warum ist die Repräsentation in den klassischen Medien dennoch unabdingbar? Für den großen britischen Theoretiker jamaikanischer Herkunft Stuart Hall spielt die Repräsentation in den Medien eine zentrale Rolle für die Positionierung von Subjekten in der nationalen Kultur. Medien sind für ihn zentrale Räume, in denen Ideen zur Gemeinschaft und somit auch zur Zugehörigkeit begründet werden. In Halls Analyse werden die zahlreichen Repräsentationsstrategien deutlich, die in den Medien bestimmte „bevorzugte Lesarten" begünstigen. Wenn beispielsweise Menschen mit Zuwanderungsbiografien stereotyp dargestellt oder auf vermeintliche kulturelle Merkmale reduziert werden, wenn sie nicht zu Wort kommen oder in den Medieninhalten gar nicht präsent sind, kann das alles dazu beitragen, das Bild einer ethnisch homogenen Gesellschaft zu verfestigen. In diesem Bild werden Zugewanderte zu „Anderen" gemacht, zu Menschen, die außerhalb der nationalen Gemeinschaft stehen, nicht dazugehören.

Aber Medien sind auch der Raum, in dem Gegenstrategien und alternative Bilder artikuliert werden können. Dies ist von Bedeutung für die Frage, welches Idealbild der Gesellschaft die Medien zeigen, allen voran die Öffentlich-Rechtlichen — denn diese haben schließlich den Auftrag, für die ganze Gesellschaft da zu sein.

Und das ist für mich ein entscheidender Punkt, wenn von Sichtbarkeit die Rede ist. In der Medienlandschaft existiert mittlerweile für fast jedes Thema und jedes gesellschaftliche Segment ein Medienangebot. So wichtig diese

Repräsentationsräume auch sind; essentiell ist, dass in der öffentlichen Sphäre das vielfältige gesellschaftliche Leben in seiner Gesamtheit abgebildet, verhandelt, diskutiert wird. Der öffentlich-rechtliche Rundfunk hat die große Chance, solch ein medialer Raum zu werden, ein Raum, in dem die Grundlage eines vielfältigen Gesellschaftsbildes sichtbar und hörbar gelegt wird.

Dafür müssen sich die Medien aber aktiv mit der Frage auseinandersetzen, ob die Programme und Medienschaffenden in den Funkhäusern wirklich die Gesellschaft widerspiegeln und auch Strategien einleiten, die dieses Thema als Kriterium für alle Bereiche festlegt. Angesichts der gesellschaftlichen Realität muss es darum gehen, für die Medien die Vielfalt der Perspektiven zu erschließen sowie neue Geschichten aus verschiedenen Lebenswelten journalistisch erzählen zu lassen.

Aber vielleicht am wichtigsten ist es, die journalistische Praxis immer wieder zu reflektieren und sich selbst zu fragen: Wer ist „wir" in unserer Berichterstattung? Wer sind die Protagonist_innen? Wer sagt was in welcher Rolle? Wer spricht als Expert_in im Studio? Und natürlich: Wie sieht mein Publikum eigentlich aus? Schon dadurch ergibt sich ein anderes Bild der „Normalität".

↖

Dr. Iva Krtalic ist Journalistin und Beauftragte für Integration und interkulturelle Vielfalt im WDR. Sie arbeitet daran, die kulturelle und soziale Vielfalt als gesellschaftliche Normalität in den Programmen und im Personal des Senders sichtbar und hörbar zu machen.

Per Gesetz zu mehr Vielfalt?

Rechtliche Schritte gegen die Diskriminierung von migrantisch gelesenen Menschen in Berlin

Armaghan Naghipour

Eine repräsentative Demokratie misst sich unter anderem an ihrer Fähigkeit, die Gesellschaft in allen staatlichen Strukturen möglichst getreu ihrer Vielfalt abzubilden. In Deutschland lebten gemäß Statistischem Bundesamt in 2019 etwa 26 Prozent Menschen mit einem sogenannten Migrationshintergrund. In den Behörden der Länder und Kommunen spiegelt sich diese Vielfalt bisher aber kaum wider. Denn hier sind es gerade einmal 6 Prozent der Beschäftigten, wie eine Studie der Friedrich-Ebert-Stiftung und des Deutschen Zentrums für Integrations- und Migrationsforschung im Jahr 2019[1] ermittelte. Bei Bundesbehörden liegt der Anteil der Mitarbeitenden mit Migrationshintergrund bei nur 12 Prozent, wie die Integrationsbeauftragte der Bundesregierung, Widmann-Mauz, kürzlich mitteilte. Im aktuellen Bundestag schließlich liegt der Anteil von Abgeordneten mit Migrationshintergrund ebenfalls bei nur 8,2 Prozent.[2] Durch das naheliegende Ausbleiben von Interessenartikulation oder Repräsentation kann die gefühlte Distanz der Bürger_innen zum Staat wachsen. Es regieren und verwalten dann „die da oben".

. . . .

1   Anne-Luise Baumann/Valentin Feneberg/Lara Kronenbitter/Saboura Naqshband/ Magdalena Nowicka/Anne-Kathrin Will, unterstützt von Dorothea Rausch: Ein Zeitfenster für Vielfalt. Chancen für die interkulturelle Öffnung der Verwaltung. Für ein besseres Morgen — Ein Projekt der Friedrich-Ebert-Stiftung. Bonn: Friedrich-Ebert-Stiftung 2019, http://library.fes.de/pdf-files/fes/15794.pdf (Abruf: 2.3.2021).
2   Mediendienst Integration 2017, S. 3.

Im Folgenden sollen die rechtlichen Hindernisse umrissen werden, die migrantisch gelesenen Menschen den Eintritt in Politik und Verwaltung erschweren. Darüber hinaus sollen beispielhaft am Berliner Landesrecht Lösungswege andiskutiert werden, die zu einer Behebung dieser Schieflage führen könnten.

Rechtliche Hindernisse für migrantisch gelesene Menschen werden durch öffentliche Stellen (Verwaltung) verursacht oder herrschen im Verhältnis der Bürger_innen untereinander vor (Privatrechtsverhältnis). Beim parteipolitischen Engagement migrantisch gelesener Menschen sind auch parteiinterne Regelungswerke (Satzungen, Statute) in den Blick zu nehmen. Auch ist Diskriminierung nicht immer nur eindimensional begründet. Nicht nur Aussehen oder Name können zu Hindernissen werden. Gender oder sexuelle Identität sind weitere Merkmale, die in ihrer Gesamtheit zu mehrdimensionaler Diskriminierung führen können.

Welcher gesetzlichen Rahmenbedingungen bedarf es, damit migrantisch gelesene Menschen das Land in entscheidungsrelevanten Positionen mitgestalten können?

Während reaktive Maßnahmen auf abgeschlossene Sachverhalte reagieren, dienen proaktive Maßnahmen der Gestaltung eines noch nicht abgeschlossenen Sachverhalts. Anhand des Berliner Landesantidiskriminierungsgesetzes wird diese Gegenüberstellung deutlich.

Im Land Berlin ist im Juni 2020 nach nahezu 20-jähriger Entstehungsgeschichte das deutschlandweit erste Landesantidiskriminierungsgesetz (LADG) in Kraft getreten. Zwar gibt es auf Bundesebene seit 15 Jahren das Allgemeine Gleichbehandlungsgesetz (AGG). Doch das AGG ist vor allem im Verhältnis zwischen Bürger_innen anwendbar. Klassische Adressat_innen sind Vermieter_innen oder Arbeitgeber_innen.

Was aber, wenn eine Diskriminierung von der allgemeinen Verwaltung, beispielsweise durch Schule oder Polizei ausgeht? In solchen Fällen greift nunmehr das LADG, das in seinem § 2 gegenüber Berliner Behörden Diskriminierungen auf Grund des Geschlechts, der ethnischen Herkunft, einer rassistischen und antisemitischen Zuschreibung, der Religion und Weltanschauung, einer Behinderung, einer chronischen Erkrankung, des Lebensalters, der Sprache, der sexuellen und geschlechtlichen Identität sowie des sozialen Status untersagt und bei Zuwiderhandeln Entschädigung und Schadensersatz für die Betroffenen (§ 8 LADG) vorsieht.

Das Gesetz betritt hierbei Neuland. Nicht nur, weil es den Katalog der Diskriminierungsmerkmale im Vergleich zu Art. 3 GG und dem AGG erweitert, sondern weil es die tatsächliche Durchsetzung von Antidiskriminierungsrecht erleichtert. Essentiell ist hierbei die im Gesetz enthaltene Möglichkeit der Unterstützung durch Antidiskriminierungsverbände. Zum einen an Stelle der Betroffenen, die oftmals vor langwierigen Klageverfahren zurückschrecken. Darüber hinaus ermöglicht das Gesetz aber auch eine echte Verbandsklage gegen die diskriminierenden Handlungen des Staates unabhängig vom Einzelfall. So kann ein Verband Klage auf Feststellung erheben, dass bestimmte Akte der Verwaltung gegen die Diskriminierungsverbote aus § 2 LADG verstoßen. Zu den möglichen reaktiven Maßnahmen zählt ferner eine Ombudsstelle, die Betroffene unabhängig unterstützt. Sie hat ein Recht auf Akteneinsicht und arbeitet weisungsfrei.

Für die Ausgangsfrage nach einem proaktiven Partizipationsrecht von Menschen mit Rassismuserfahrung nimmt das Land Berlin ebenfalls eine Pionierrolle ein. Das LADG sieht vor, eine Kultur der Wertschätzung von Vielfalt als durchgängiges Leitprinzip bei allen Maßnahmen der Verwaltung zu fördern (§ 11 LADG). In Berlin wurde dieser Auftrag konkret mit einem sogenannten Diversity-Landesprogramm aufgegriffen, das der Berliner Senat im September 2020 beschloss. Da eine Förderung von Vielfalt zunächst mit deren Anerkennung beginnt, beinhaltet das Landesprogramm neben Einstellungs- und Personalmanagement-Strategien vor allem auch einen Sprach-Leitfaden, der den Bediensteten der Verwaltung Hinweise zu einer vielfaltsgerechten Ausdrucksweise erteilt.

Wir wissen allerdings längst, dass Leitfäden und -programme eine Änderung in nur sehr kleinen Schritten bewirken. Daher beschloss der Senat kürzlich eine Reform des Berliner Partizipations- und Integrationsgesetzes (nunmehr Partizipations- und Migrationsgesetz) dahingehend, dass das Land den Anteil seiner Beschäftigten mit Migrationshintergrund entsprechend ihrem Anteil an der Bevölkerung gezielt fördern soll.

Über die Grenzen Berlins hinweg haben die Senatspläne zu einem breiten Aufschrei geführt. Ähnlich wie bei der Verabschiedung des LADG wird abwechselnd die Unterwanderung des Abendlandes befürchtet oder jedenfalls ein Generalverdacht gegenüber deutschen Amtsträgern konstruiert. Dass derlei Maßnahmen vielmehr eine rein kompensierende Bevorzugung darstellen, die ihre Legitimation aus einer europarechtskonformen Auslegung des Grundgesetzes ableiten, bleibt weitestgehend unerwähnt, gehört aber zur vollständigen Erfassung dieser progressiven Rechtsentwicklung dazu.

Diese Bestrebungen kurbeln jedenfalls zugleich den Diskurs in Sachen Vielfaltsförderung in den Parteien an, beziehungsweise verlaufen geradezu parallel dazu. So haben zum Beispiel Bündnis 90/Die Grünen im Jahr 2020 als erste Partei in Deutschland ein Vielfaltsstatut beschlossen. Es bleibt zu hoffen, dass diese Entwicklungen keine Papiertiger bleiben.

↖

. . . .

Armaghan Naghipour ist Persönliche Referentin des Berliner Senators für Justiz, Verbraucherschutz und Antidiskriminierung. Zuvor arbeitete sie als Rechtsanwältin mit dem Schwerpunkt Migrationsrecht. Sie ist stellvertretende Vorsitzende des Vereins DeutschPlus – Initiative für eine plurale Republik.

„Die Politik sollte der jungen Generation aktive Mitgestaltung ermöglichen. Die Jugend muss sich gehört fühlen. Mir persönlich erscheinen Parteien zu wenig dynamisch und flexibel. Um für junge Menschen mit Einwanderungsgeschichte attraktiver zu werden, könnten Parteien beispielsweise einen informativen und zugleich interaktiven Social-Media-Kanal betreiben oder Praktika für diese Gruppe anbieten. Der Einstieg in die Politik sollte so einfach wie möglich sein. Besonders geeignet wären offene Arbeitskreise für kurzfristige Projekte in der Kommunalpolitik. Diese Themen betreffen die Menschen unmittelbar und erlauben es, eigene Anliegen zu verwirklichen. Neben einer stärkeren politischen Bildung in der Schule halte ich auch die Absenkung des Wahlalters auf 16 Jahre für eine vielversprechende Maßnahme."

→ **Beri Agbayir**

„Die deutsche Politik sollte uns Menschen mit Migrations-biografie mehr Anerkennung entgegenbringen. Dabei sind auch symbolische Gesten wichtig. Ich denke hier beispiels-weise an die Debatte um Straßennamen, die aus der deut-schen Kolonial- oder NS-Zeit kommen: Es muss unbedingt öffentlich sichtbar werden, was es damit auf sich hat! Sym-bolische Gesten machen bewusst, dass sich in der deutschen Gesellschaft viele kleine Dinge ändern müssen, die der Mehrheit kaum auffallen oder egal sind, mich aber verlet-zen und frustrieren. Unser Vertrauen in die Politik kann nur dann hergestellt werden, wenn Politik nicht für und nicht gegen uns, sondern von und mit uns gemacht wird. Viele Menschen mit Migrationsbiografie dürfen aber noch nicht einmal wählen. Deshalb braucht Deutschland drin-gend eine Wahlrechtsreform — denn wer denkt schon über eine politische Karriere nach, wenn sie oder er von der fun-damentalsten Form politischer Teilhabe ausgeschlossen ist?"

→ **Luca Tamara Yaa Amponsah**

RAS
SIS
MUS

„Manchmal sagt jemand zu mir: Ey, das ist der erste schwarze Parteivorsitzende Deutschlands. Dann denke ich: Was? Ich bin der Erste … sowas gab's noch nie? Wie, wir hatten schon vor 200 Jahren einen schwarzen Professor oder Doktor an der Uni, wir hatten schon vor 100 Jahren eine eigene Organisation in Deutschland, die für die Rechte von Schwarzen gekämpft hat — aber es hat noch nie einen schwarzen Parteivorsitzenden gegeben? Bei den über 100 Parteien, die es in Deutschland gibt? Das sagt sehr viel aus, das ist Rassismus. Wenn ich über Rassismus rede, dann möchte ich über diesen strukturellen Rassismus und nicht über den zwischenmenschlichen Rassismus reden."

„Es gibt für mich keinen Grund, mich zu integrieren. Meine Muttersprache ist Deutsch, ich bin getauft, ich bin in Deutschland in den Hort gegangen, in die Schule, auf das Gymnasium, in die Universität. Wenn irgendjemand mich als Beispiel für Integration nimmt, dann kann ich ihm nur sagen: Du hast es nicht verstanden, ich muss nicht integriert werden. Wir müssen die Weißen integrieren, die ein Problem mit meiner Hautfarbe haben, wir müssen das rauskriegen aus dieser Gesellschaft, die denkt, Weiß-Sein wäre normal und alles andere wäre nicht normal."

→ **Raphael Moussa Hillebrand**

„Beim Thema Rassismus ist es immer schwierig, über Parteien wie die AfD zu reden, weil wir gesellschaftliche Probleme haben, die nicht mit einzelnen Parteien zusammenhängen, sondern vor allem strukturell sind. Mit diesen Problemen wird man nicht offen konfrontiert, sondern man bekommt sie so nebenbei mit. Es sind viele kleine Sachen. Im Landtag habe ich Rassismus nicht bewusst wahrgenommen, aber den strukturellen Rassismus bekommt man auch nicht unbedingt mit. Ich weiß ja zum Beispiel nicht, ob irgendwelche Entscheidungen aufgrund von Rassismus getroffen wurden. Es ist auch schwer zu sagen, ob ich im Wahlkampf als Weißer mehr Stimmen bekommen hätte. Das ist sehr abstrakt. Ich könnte auch nicht sagen, dass ich irgendwo konkrete Auswirkungen gemerkt hätte. Den wirklichen knallharten Rassismus, den man vor den Kopf geknallt bekommt, den kenne ich persönlich tatsächlich nicht. Es gibt bei diesem Thema aber natürlich gesamtgesellschaftliche Probleme, die mir während meiner Zeit als Abgeordneter schon aufgefallen sind."

→ **Benjamin Adjei**

„Dann werde ich eben Bundes- kanzlerin!"

Vom Recht am öffentlichen Raum

Maryam Kamil Abdulsalam

„Ich bin doch politisch aktiv", sagt Sara S., als ich sie frage, warum sie sich nicht politisch engagiere. „Nur eben nicht in einer Partei." Ihr Verständnis und ihr Anspruch gesellschaftlich mitzugestalten, erstreckt sich auf viel mehr als die Parteienlandschaft. Seit vielen Jahren ist sie in einer Jugend- organisation aktiv.

Sich politisch zu engagieren bedeutet auch, Anspruch auf gesellschaftliche Repräsentanz zu erheben und seinen Platz im öffentlichen Raum zu finden. Für junge Migrant_innen ist das alles andere als selbstverständlich. Ihrer Eltern- und Großelterngeneration, der sogenannten Gastarbeitergeneration, war von vornherein klar, dass es für sie keinen Platz am Tisch geben würde, um mitzureden, wie es Aladin El-Mafaalani in seinem Buch „Das Integrations- paradox" metaphorisch beschreibt. Um glaubhaft zu vermitteln, dass allen Bürger_innen gleichermaßen ein Platz am Tisch zusteht, bedarf es Vorbilder und einer Sichtbarkeit von Vielfalt; Lippenbekenntnisse genügen nicht. Diese Vielfalt muss sich nicht nur in politischen Ämtern, sondern in allen staatli- chen Strukturen widerspiegeln. Man sollte meinen, eine solche Sichtbarkeit von Vielfalt würde in Deutschland im Sinne des staatlichen Gleichstellungs- auftrags rechtlich gefördert werden. Doch das Gegenteil ist der Fall.

Gesetzliche, diskriminierend wirkende Zugangsbeschränkungen zu öffentli- chen Ämtern, wie beispielsweise zum Lehramt, Richteramt oder zur Staatsanwaltschaft, entwickeln eine negative Wirkung, die weit über die tatsächlich adressierten Berufsgruppen hinausgeht.

Eine 13-Jährige, die aufgrund ihres Namens als muslimisch gelesen und im schulischen Berufsberatungsangebot darauf hingewiesen wird, dass ihr bestimmte Berufe, wie die der Lehrerin, Anwältin oder Richterin nicht ohne Probleme offen stehen, sollte sie je ein Kopftuch tragen wollen, wird nicht etwa denken: „Wenn ich aufgrund meiner Religionszugehörigkeit nicht Lehrerin werden kann, dann werde ich eben Bundeskanzlerin!"

Sie wird viel eher das Gefühl haben, in staatlichen Berufen und Funktionen nicht erwünscht zu sein.

Seit der ersten Entscheidung des Bundesverfassungsgerichts 2003[1], die ein Kopftuchverbot für Lehrerinnen unter bestimmten Bedingungen für zulässig erklärte, vergingen zwölf kräftezehrende Jahre bis das Gericht die erlassenen Verbote als zu weitreichend ablehnte: Demnach verletzt ein pauschales Verbot die Religionsfreiheit der Betroffenen unverhältnismäßig und es wird festgestellt, dass eine Lehrerin durch das bloße Tragen eines Kopftuches die Neutralitätspflicht des Staates nicht gefährdet.[2] Der Stand heute: In fast allen Bundesländern arbeiten Lehrerinnen mit Kopftuch, und das problemlos. Nur in Berlin kämpfen sie noch immer um ihr Recht zu unterrichten. Muslimische Rechtsreferendarinnen, Richterinnen und Staatsanwältinnen müssen sich nach der aktuellen Rechtsprechung des Bundesverfassungsgerichts aus dem Jahr 2020 noch immer zwischen ihrem religiös begründeten Tuch oder ihren beruflichen Träumen entscheiden.

Diese Verbote treffen faktisch zunächst nur einen kleinen Teil derjenigen, die als migrantisch gelesen werden, doch darüber hinaus entfalten diese Verbote eine erhebliche Breitenwirkung: Nicht nur, dass in Beratungsgesprächen — wie oben beschrieben — fälschlicherweise auch weitere Berufsgruppen wie etwa Anwältin als unzugänglich dargestellt werden. Für viele junge

. . . .

1   BVerfG, Entscheidung v. 23.09.2003 — 2 BvR 1436/02.
2   BVerfG, Entscheidung v. 15.01.2015 — 1 BvR 471/10.

Migrant_innen werfen sie immer wieder ähnliche Fragen auf: Kann ich das Studium überhaupt absolvieren? Kann ich überhaupt im juristischen Bereich arbeiten? Kann ich verbeamtet werden?

Die Ausgrenzungserfahrung vertieft sich noch weiter, wenn im Niedersächsischen Gesetzesentwurf[3] für ein Verbot religiöser Symbole im gesamten Justizdienst die Bewertung, welchen Aussagegehalt diese Symbole haben, einer „fiktive(n) dritte(n) Person aus dem Kulturkreis der Bundesrepublik Deutschland" überantwortet wird. Damit entscheidet letztlich die Perspektive einer fiktiven weißen Person darüber, wer bestimmte staatliche Ämter bekleiden darf und wer nicht.

Das Bundesverfassungsgericht hat in seiner letzten sogenannten Kopftuch-III-Entscheidung[4] deutlich gemacht: Religionsfreiheit nach Art. 4 Abs. 1, 2 GG und die staatliche Verpflichtung zur Neutralität stehen einander zwar gegenüber. Aber es steht dem Gesetzgeber frei, ob er Verbotsgesetze erlässt oder ob er muslimische Frauen, die ein Kopftuch tragen, in allen staatlichen Berufen zulassen möchte. Hier ist die Politik in der Pflicht, eine Entscheidung für — und nicht gegen — mehr Teilhabe zu fällen.

Wer sich trotz der gegebenen Widerstände in die Politik und damit auch in die Öffentlichkeit wagt, riskiert viel: Dr. Karamba Diaby wird regelmäßig beleidigt und bedroht, weil er Schwarz ist. Sener Sahin wurde unter so viel Druck gesetzt, dass er seine Bürgermeisterkandidatur im schwäbischen Wallerstein zurückzog, weil er Muslim ist. Sawsan Chebli wird immer wieder Opfer von öffentlichen Anfeindungen, weil sie offen über den Flucht- und Migrationshintergrund ihrer Familie spricht.

Zugegeben, dies ist kein ausschließliches Problem von Personen, die sich politisch engagieren. Öffentliche Sichtbarkeit und Wahrnehmung reichen aus, wie uns die Fälle von der NSU-Opferanwältin Seda Basay-Yildiz und

. . . .

3   Entwurf eines Gesetzes zur Anpassung des Rechts der richterlichen Mitbestimmung und zur Stärkung der Neutralität der Justiz, S. 21.
4   BVerfG, Entscheidung v. 14.1.2020 — 2 BvR 1333/17.

der Kabarettistin Idil Baydar zeigen. Ihre persönlichen Daten, darunter auch die private Wohnadresse, wurden von hessischen Polizeicomputern abgerufen und in die Hände von Rechten des Netzwerks NSU 2.0 gespielt, die diese für Todesdrohungen nutzten. Solche Geschehnisse befördern unter Migrant_innen, speziell unter migrantischen Frauen, die Angst, öffentlich sichtbar zu sein und wahrgenommen zu werden. Eine Ursache für diese Vorfälle liegt einerseits darin, dass Polizei und andere Sicherheitsbehörden Rechtsextreme und Rechtsgesinnte in ihren eigenen Reihen haben. Eine vernachlässigte Verfolgung der Vorfälle der letzten Jahre, eine wenig überprüfende Einstellungspraxis und eine immer noch herrschende „Einzelfall-Mentalität" kann sowohl der Politik als auch staatlichen Organen zum Vorwurf gemacht werden.

Andererseits sind etliche gleichgelagerte Fälle nie aufgeklärt worden, weil die Nachvollziehbarkeit des Datenabrufs in den Sicherheitsbehörden nicht gesichert war.[5] Personalisierte Zugriffsrechte, Abrufdokumentation und Nachverfolgbarkeit von Datenverarbeitung ist eben nicht nur übersteigerter Datenschutz, sondern kann für Betroffene, meist migrantisch gelesene Personen, den Unterschied machen zwischen einem Leben in Unsicherheit oder einem angstfreien Leben, Wirken und Engagieren.

↖

Maryam Kamil Abdulsalam ist wissenschaftliche Mitarbeiterin und Doktorandin am Institut für Öffentliches Recht an der Universität Bonn. Als Vorsitzende des Aktionsbündnis muslimischer Frauen (AmF) e. V. setzt sie sich für die Teilhabe und Sichtbarkeit von Frauen aus sichtbaren Minderheiten ein.

Hausaufgabe: Diversitätssensibilität

Warum und wie Parteien und Institutionen an sich arbeiten müssen

Im Gespräch mit Karim Fereidooni

Professor Fereidooni, Sie forschen zu Rassismus im Bildungsbereich und haben selbst lange als Lehrer für Politik und Deutsch gearbeitet. Finden sich die Gründe für die zahlenmäßig geringe Repräsentanz von jungen Menschen mit Migrationsgeschichte in der Politik schon in der Schule?

Die Schule hat einen paradoxen Bildungsauftrag: Sie möchte einerseits junge Menschen zu mündigen Bürger_innen erziehen, die Verantwortung übernehmen, an gesellschaftlichen Belangen partizipieren, und lernen, ihre politische Meinung begründet in die Politik einzubringen; andererseits jedoch ist die Schule eine undemokratische Institution, in der junge Menschen von Adultismus betroffen sind und oftmals das tun müssen, was ältere Personen ihnen vorschreiben.

Vor dem Hintergrund dieses Paradoxes sollte jede einzelne Schule die Partizipationsmöglichkeiten von Schüler_innen stärken und Möglichkeiten ermitteln, wie junge Menschen tatsächlich etwas mitentscheiden können.

Zudem sollten sich politische Parteien selbstkritisch fragen, welche hausgemachten Ursachen dafür verantwortlich sind, dass junge Menschen das parteipolitische Engagement weniger reizvoll finden und stattdessen andere politische Ausdrucksformen wählen, um ihrer Stimme Gehör zu verschaffen. Die Klimaproteste und Black Lives Matter Deutschland haben allen Menschen vor Augen geführt, dass die Jugend nicht politikverdrossen, sondern parteienverdrossen bzw. politiker_innenverdrossen ist. Damit sich daran etwas ändert, müssen junge Menschen in den Parteien mehr Mitbestimmungsmöglichkeiten erhalten als es gegenwärtig der Fall ist.

Kann der Politikunterricht eine besondere Rolle bei der Beförderung von politischer Teilhabe spielen?

Im Politikunterricht sollten die Schüler_innen lernen, begründete politische Werturteile zu fällen, sowie ihre eigene politische Stimme bzw. Meinung auszubilden und dabei gesamtgesellschaftliche Bedürfnisse nicht unberücksichtigt zu lassen. Gut gemachter Politikunterricht kann dazu beitragen, dass sich Schüler_innen als Bürger_innen dieses Landes begreifen und demokratische Institutionen und Instrumente wertschätzen lernen. Der Politikunterricht sollte darüber hinaus die Fähigkeit der Schüler_innen schulen, Kritik zu üben an politischen Sachverhalten, Ideen und Parteien. Kritikfähigkeit ist eine wichtige Kompetenz in einer Demokratie.

Aber: Die schulische Ermöglichung von Partizipation ist eine überfachliche Angelegenheit, die nicht nur im Politikunterricht, sondern in allen anderen Fächern und im gesamten Schulleben Realität werden muss. Um die Demokratiekompetenz und die Mündigkeit von jungen Menschen auszubilden genügt ein zweistündiger Politikunterricht pro Woche nicht. Auch in allen anderen Fächern und in der Schulkultur müssen sich demokratische Werte wiederfinden.

Sie sprechen bei Ihrer Analyse von Reaktionen auf Rassismusvorwürfe im schulischen Bereich von einer systematischen Dethematisierung. Beobachten Sie dies auch in anderen Bereichen wie der Politik?

Rassismus wird in unserer Gesellschaft häufig nur thematisiert, wenn über Rechtsradikalismus oder die „neue Rechte" gesprochen wird. Die gesellschaftliche Mitte (was auch immer das sein mag) hält sich für rassismusfrei und viele weiße Menschen, die nicht nur keine Rassismuserfahrungen machen, sondern von rassismusrelevanten Strukturen, die in unserer Gesellschaft wirkmächtig sind, profitieren, verleugnen, dass Rassismus ein Strukturierungsmerkmal unserer Gesellschaft ist. Diejenigen, die nicht von Rassismus betroffen sind, haben es nicht gelernt, über Rassismus zu sprechen und verhindern oftmals eine Thematisierung von Rassismus.

In der BRD wurde Rassismus auch in denjenigen deutschen Parteien, die sich selbst in der Mitte der Gesellschaft verorten, reproduziert, beispielsweise um Wahlkampf zu machen. Wenn sich Parteien gegen Rassismus engagieren möchten, dann sollten sie damit in ihren eigenen Reihen und in ihren eigenen Strukturen beginnen.

Sie beschäftigen sich mit diversitätssensibler Lehrer_innenbildung. Inwiefern sind Bestandteile davon auch für (Fort-)Bildungsvorhaben in anderen zivilgesellschaftliche Organisationen oder Parteien hilfreich?

Zivilgesellschaftliche Organisationen und Parteien müssen ein Spiegelbild der Gesellschaft und damit diversitätssensibel werden; auch im Vorstand.

Diversitätssensibilität bezeichnet die Fähigkeit, wirkmächtige (menschengemachte) Ungleichheitsstrukturen (wie z. B. Rassismus, Sexismus, Heteronormativität, Klassismus, Bodyism, Adultismus, Ageism), die die Lebensrealität sowie Partizipationschancen von Menschen negativ beeinflussen, zu identifizieren. Darüber hinaus geht es darum, sich im privaten und beruflichen Kontext dafür einzusetzen, dass die Unterschiedlichkeit aller Gesellschaftsmitglieder als eine wertvolle Ressource und ein Potential für die Gesamtgesellschaft und die spezifische Institution betrachtet wird.

Dabei müssen sich zivilgesellschaftliche Organisationen und Parteien zunächst mit der folgenden Fragestellung beschäftigen: In welchen Kontexten sollten die besonderen Lebensumstände bestimmter Gruppen in unserer Gesellschaft wahrgenommen und diversitätssensibel reagiert werden — und in welchen Kontexten sollten die spezifischen Lebensumstände von Menschen keine Rolle spielen?

Differenzen sollten wahrgenommen und betont werden, wenn:
- dadurch der Nachteil (z. B. körperliche Beeinträchtigung oder Diskriminierung) einer Person ausgeglichen werden kann,
- die Person es möchte (Prinzip der Freiwilligkeit),
- die Wahrnehmung von Differenzen Wertschätzung kennzeichnet (und nicht bloßstellt),

- dadurch geschützte Räume geschaffen werden, in denen Empowerment stattfinden kann,
- sie zur machtkritischen Analyse herangezogen werden. Die Betonung von Differenz sollte Aspekte der Machtkritik nicht außer Acht lassen. Die Analyse der folgenden Frage ist hierfür vonnöten: Wer besitzt wie viel Macht in unserer Gesellschaft? Für die Betonung von Differenzen spielt es eine wesentliche Rolle, ob diese angeboren, erworben oder durch Gesetze hergestellt (worden) sind.

Differenzen sollten explizit nicht betont werden, wenn:
- sich die Betonung der Differenz nachteilig für die Person auswirkt,
- die Differenz unfreiwillig thematisiert wird,
- Diskriminierungen dadurch (re)produziert werden und
- die Person auf ihre Differenz reduziert wird.

Diversitätssensibilität sollte eine ganz normale Professionskompetenz von zivilgesellschaftlichen Organisationen und Parteien werden. Die darin Tätigen müssen auch über entsprechende Fortbildungen frühzeitig lernen, wie sie produktiv mit Vielfalt umgehen können. Individuelle Maßnahmen müssen dabei von institutionellen Maßnahmen wie der Entwicklung von Konzepten auch im Bereich der Organisationsentwicklung flankiert werden.Hilfreich sind multiprofessionelle Teams, um der Bandbreite der Diversitätsmerkmale Rechnung zu tragen. Sinnvoll ist außerdem die Schaffung eines Expert_innenbeirats, der bei der Umsetzung berät. Einer der wichtigsten Schritte am Anfang ist nicht zuletzt die Datenerfassung, denn nur so können die Strategien zielgerecht umgesetzt werden.

Prof. Dr. Karim Fereidooni ist Juniorprofessor für Didaktik der sozialwissenschaftlichen Bildung an der Ruhr-Universität Bochum. Er berät die Bundesregierung bei den Themen Rechtsextremismus und Rassismus sowie im Unabhängigen Expert_innenkreis Muslimfeindlichkeit des Bundesinnenministeriums.

EM
POWER
MENT

„Ich sage immer, Deutschland ist wie ein Kommodenschrank. Es gibt ganz viele kleine Schubladen und alles wird in eine Schublade gesteckt: Das Migrationsthema kommt in diese Schublade, der alte weiße Mann in diese Schublade, die jungen Leute in diese Schublade. Dann ist alles schön geordnet. Aber plötzlich merkt man, hey, die Menschen mit Migrationsgeschichte lassen sich nicht mehr in eine Schublade stecken, die wollen da raus, die wollen mitreden. Und sehr viele von ihnen sind hier in Deutschland geboren und aufgewachsen, sie kennen ihre Grundrechte, sind wortstark und haben auch mediale Aufmerksamkeit. Das erlebt unsere Gesellschaft gerade."

„Wir Menschen mit Migrationsgeschichte müssen für uns selbst bestimmen, was unsere Identität ist, wo wir uns zugehörig fühlen. Wir dürfen uns nicht einen Stempel von außen aufdrücken lassen. Das ist sehr wichtig für unser Selbstwertgefühl und unser Selbstbewusstsein. Wichtig ist auch, dass wir uns engagieren, in Vereinen und Verbänden, in politischen Debatten. Dafür gibt es viele niedrigschwellige Bereiche. Beispielsweise können Bürger_innen zu Orts- oder Gemeindeversammlungen gehen, Fragen stellen und ihre eigenen Ideen und Meinungen einbringen. Alle — auch wir. Aber auch hier müssen wir unseren eigenen Weg gehen: Du allein entscheidest, wer du bist und wie du dich einbringen möchtest."

→ **Serpil Midyatli**

„Ich lese die meisten negativen Kommentare nicht und konzentriere mich stattdessen auf die positiven Rückmeldungen, den Rückhalt und auf die Menschen, die mich unterstützen. Das hilft mir in solchen Situationen ungemein. In manchen, sehr extremen Fällen ist es aber auch so, dass ich bewusst auf Menschen zugehe und um Unterstützung bitte. Das habe ich früher nicht gemacht. Mittlerweile weiß ich aber, wie wichtig es ist, in bestimmten Momenten nicht alleine dazustehen und Zuspruch zu bekommen. Aber auch ich habe Tage, an denen ich denke, dass es sich nicht lohnt und ich meine Kraft und Energie verschwende. Dieses Gefühl kommt ab und zu hoch, aber es hält nur ganz kurz an und dann kommt wieder mein Kampfgeist, der mir sagt: Wenn ich jetzt aufgebe, dann hat die andere Seite gewonnen.

Jede einzelne Stimme ist wichtig — auch dann, wenn du nicht Politikerin bist, wenn du nicht ganz oben in Führungspositionen sitzt oder keine große Reichweite hast. Jeder einzelne Beitrag, gegen Hass und Hetze, ist wichtig, um unsere Gesellschaft beieinander zu halten. Und wir alle sollten hierbei das eigene Tun niemals unterschätzen, füreinander einstehen und nicht aufgeben, wenn es darum geht, unsere Demokratie und unsere Freiheit zu verteidigen."

→ **Sawsan Chebli**

Ein Stück vom Kuchen

Ideen zur stärkeren Teilhabe von Menschen mit Migrationsgeschichte

Damir Softic

Als im Jahr 2008 Barack Obama zum 44. Präsidenten der USA gewählt wurde, ging auch in Deutschland eine Welle der Hoffnung auf eine stärkere politische Integration von Migrant_innen durchs Land. „Warten auf Deutschlands Obama?" hieß der Arbeitstitel meines Promotionsprojektes. Der Titel sollte einiges von seiner literarischen Anspielung auf Godot für die Politik vorweggenommen haben.

Migrant_innen rücken seitdem verstärkt von den gesellschaftlichen Rändern ins Zentrum. So hat 2010 der damalige Bundespräsident Christian Wulff, ein Konservativer der Christdemokratischen Partei, betont: „Der Islam gehört zu Deutschland". Armin Laschet, Ministerpräsident von Nordrhein-Westfalen und Vorsitzender der CDU, hob in seiner Rede zum historischen Beginn der Corona-Impfungen hervor, dass die „Corona-Retter" und Impfstoff-Entwickler Ugur Sahin und Özlem Türeci einen türkischen Gastarbeiterhintergrund haben. Seine Partei kürte mit Aygül Özkan auch die erste Muslima zur Ministerin in Niedersachsen.

Diese politischen und gesellschaftlichen Entwicklungen werden vielerorts als Signale der Normalität in einer Einwanderungsgesellschaft bewertet. In der Politik wird es dagegen schwierig, überhaupt Repräsentant_innen mit Migrationshintergrund zu identifizieren. Im aktuellen Bundestag gibt es 58 Parlamentarier_innen (MdBs) aus Einwandererfamilien. Im Verhältnis zu den insgesamt 709 Abgeordneten entspricht das mit 8,2 Prozent aller Abgeordneten immerhin fast einer Vervierfachung gegenüber 2009. Migrant_innen sind jedoch weiterhin deutlich unterrepräsentiert, da in der Gesamtbevölkerung mittlerweile schon rund 26 Prozent der Menschen eine Einwanderungsgeschichte haben.[1]

Die Zahlen sind zugleich trügerisch: Unter den 58 aufgelisteten Mandatsträger_innen mit Migrationshintergrund sind überwiegend Akteure mit deutsch klingenden Namen aufgelistet, etwa Niels Annen oder Markus Frohnmaier. Wo sind aber in der deutschen Politik die Kinder und Enkel der größten Migrant_innengruppen anzutreffen, etwa der italienischen, türkischen, marokkanischen und jugoslawischen „Gastarbeiter_innen" und Spätaussiedler_innen?

In der Politik sollten die Probleme der verschiedenen Bevölkerungsgruppen verstanden werden. Deshalb ist es wichtig, dass unter den Bundestagsabgeordneten auch jene angemessen vertreten sind, die aus eigener Erfahrung wissen, was es heißt, mit Stigmatisierung, fehlenden Aufenthaltsperspektiven, Identitätskonflikten und Diskriminierungserfahrungen auf dem Wohnungs-, Bildungs- und Arbeitsmarkt umgehen zu müssen.

In meiner Forschungsarbeit konnte ich zeigen, dass die Invisibilisierung des Migrationshintergrundes zum Erfolg in der Politik führt (Typus „Netzwerker"). Das bedeutet: Wenn Migrant_innen ihre Herkunft „verheimlichen", unsichtbar machen und damit das Ziel der Assimilation verfolgen, werden sie dafür von den politischen Parteien belohnt. Das beste Beispiel ist Cem Özdemir, der für seine Türkeikritik besonders belohnt worden ist. Der zweite Politikertypus („Aktivist"), der sich besonders für Migrationsthemen einsetzt, hat in Parteien einen schwierigeren Stand und wird meist erst spät mit einem Mandat belohnt.

. . . .
1   Zahlen von 2017, in: Mediendienst Integration, https://mediendienst-integration. de/integration/politik.html (Abruf: 26.2.2021).

Die aktuellen Mitglieder des Bundestags (MdBs) mit Migrationshintergrund sind zudem relative Neulinge im politischen System. Ihre Netzwerke und Kontakte sind noch nicht so weitreichend, als dass sie großen Gruppen zu Vorteilen verhelfen könnten. Dieses politische Kapital haben die „neuen Deutschen" in den Parlamenten (noch) nicht. Während sie sich abmühen, um in die Parlamente zu kommen, bauen andere Politiker_innen ihre Netzwerke und Seilschaften weiter aus, um ihre Machtbasis zu stärken und sich für ihren politischen Kampf zu wappnen.

Die Frage ist, warum eine „Mehrheitsgruppe" ihre Privilegien überhaupt aufgeben sollte, um einer Minderheitengruppe auch Zugang zur Macht zu ermöglichen? Norbert Elias sprach in diesem Zusammenhang von „Etablierten" (Gatekeeper) und „Außenseitern", als er das soziale Spiel beschrieb, das immer dann auftritt, wenn eine autochthone Gruppe mit neu Hinzukommenden konfrontiert wird. Abwehr ist dann ein häufiger Reflex.

Aber wie kann es zu einer Öffnung durch die Gatekeeper kommen? Erstens, wenn der Druck von unten (oder außen) zu stark wird, wie es zum Beispiel bei der Frauenbewegung der Fall war. Zweitens, wenn die Gatekeeper die Vorteile erkennen, die durch das Öffnen der Gates entstehen. In Deutschland wächst die Zahl der Wahlberechtigten mit Migrationshintergrund — bundesweit sind es etwa 10 Prozent. Sie werden somit in immer mehr Wahlbezirken wahlentscheidend. Alle Parteien haben das auf dem Schirm. Am Beispiel des Berliner Wahlkreises 83 („Friedrichshain-Kreuzberg") lässt sich der zukünftige Trend ablesen: Alle etablierten Parteien stellten 2017 einen Bundestagskandidaten oder eine Bundestagskandidatin mit Migrationshintergrund auf.

Einen beschleunigenden Zwischenschritt auf dem Weg zur politischen Integration von Migrant_innen stellt eindeutig die Quote dar. Für das Empowerment und die Identifikation der migrantischen Bevölkerung sind Role-Models wichtig. Als Pionier_innen inspirieren sie die jüngere Generation und rekrutieren weitere „neue Deutsche" in politische Funktionen, etwa der Ministerien und Verwaltungen.

Das gesellschaftliche Instrument der — zumindest temporär wirksamen — Quote wird in Zukunft immer wichtiger werden. Die damit verbundenen symbolischen Effekte können gar nicht hoch genug eingeschätzt werden. Schließlich wäre damit der Migrationshintergrund bei der Besetzung von Posten oder Arbeitsplätzen in der Verwaltung endlich ein positiv bewertetes Karrieremerkmal — und kein Manko mehr. Im Einwanderungsland Deutschland sollten unsägliche Begriffe wie „Gastarbeiter" endlich durch ein positives Narrativ ersetzt werden, das auch die Lebensleistung dieser Menschen hervorhebt. Ein wichtiger Beitrag dazu könnte ein verbindlicher jährlicher Staatsfeiertag zur Erinnerung an die Bedeutsamkeit aller Eingewanderten für die deutsche Gesellschaft sein — samt großem Festakt am Brandenburger Tor. Auch die Förderung der doppelten Staatsbürgerschaft könnte zu mehr politischer Partizipation von Migrant_innen beitragen — die fehlende Möglichkeit einer solchen war ein massiver Hinderungsgrund für die Engagementbereitschaft der ersten Migrant_innengeneration in den 1960er- und 1970er-Jahren. Das Empowerment könnte zudem durch ein neues Schulcurriculum unterstützt werden. Bisher steht das schulische Pflichtthema „Einwanderungsland Deutschland" nicht im Lehrplan in einer Reihe mit historischen Themen wie die „Französische Revolution". Im Unterricht sollte aber auch deutlich werden, dass die Eingewanderten eine zentrale Stütze der Wirtschaft und des Sozialsystems in Deutschland sind.

Es sollte darauf hingewirkt werden, dass die biografischen Ressourcen und vielfältigen Potenziale der Menschen mit Migrationshintergrund optimal entfaltet werden können, damit sie auch in Zukunft ihren wichtigen Beitrag zur gesellschaftlichen Entwicklung leisten können.

↖

Dr. Damir Softic ist Politikwissenschaftler und Wirtschaftssoziologe. Er hat zum Thema „Neue Eliten? Migranten in der Politik" promoviert und ist Gründer des Wunderkind® Instituts Berlin, das sich für mehr Bildungsgerechtigkeit und ein Zukunftsmodell des modernen Lernens einsetzt.

Diversität kommt nicht von allein

Was sich Parteien von BPoC-Vereinen abschauen sollten

Karen Taylor

Wenn nächsten Sonntag Bundestagswahlen wären, hätten wir sicherlich ein Parlament mit vielen neuen Abgeordneten. Nicht neu wäre hingegen seine Zusammensetzung. Da die aussichtsreichen Listenplätze der Parteien vor allem mit *weißen*, heterosexuellen, männlichen Kandidaten ohne Behinderung besetzt werden, wird das Repräsentationsdefizit für Schwarze Menschen, People of Color (BPoC), Menschen mit Fluchterfahrung, aber auch lesbische, schwule, bisexuelle, transsexuelle, intersexuelle, queere Menschen (LGBTIQ), Menschen mit Behinderung, einem niedrigen sozialen Status und für Frauen weiter bestehen. In der Ausprägung der Marginalisierung gibt es jedoch Abstufungen. Während Menschen, die an der Intersektion (Verschränkung) von diesen Merkmalen liegen, am stärksten davon betroffen sind, wird die Gleichstellung anderer Gruppen gezielt gesetzlich gefördert. Man denke nur an das Bundesgleichstellungsgesetz oder das Gesetz zur Gleichstellung von Menschen mit Behinderungen.

Die Diskussionen zum Gesetzesentwurf für die Einführung einer Quote für Menschen mit Migrationshintergrund im öffentlichen Dienst in Berlin haben gezeigt, dass wir weit davon entfernt sind, echte Teilhabe für alle zu ermöglichen. Dass der Entwurf sich auf den Migrationshintergrund und nicht auf die Rassismuserfahrung stützt, beweist, wie schwer sich diese Gesellschaft tut, das eigentliche Problem zu benennen. Eine *weiße* Frau mit französischem Migrationshintergrund hat nicht mit den gleichen strukturellen

Barrieren zu kämpfen wie ein Sinto der dritten Generation, der aber laut gesetzlicher Definition keinen Migrationshintergrund mehr hat.

Eben jene fehlende politische Differenzierung führt dazu, dass die Realitäten von mindestens 25 Prozent der Bevölkerung bei der Gesetzgebung keine Rolle spielen. Dies zeigt sich in der aktuellen Asylgesetzgebung, den Schulgesetzen der Länder (hier fehlen beispielsweise unabhängige Beschwerdestellen für Diskriminierungen) und sogar der Abgabenordnung (laut § 52 Abgabenordnung wird die Arbeit rassismuskritischer Vereine nicht als gemeinnützig eingestuft). Das führt zu Frustration und Widerstand bei den betroffenen Communities.

Bewegungen wie #unteilbar oder Black Lives Matter (BLM) greifen die Unzufriedenheit der marginalisierten Communities auf und transformieren sie in neue Wege der Zusammenarbeit und des politischen Engagements. Es ist auffällig, dass sich besonders junge Generationen eher zu diesen Bündnissen hingezogen fühlen als zu den etablierten politischen Parteien, die es versäumt haben, inklusiv und offen für alle zu sein. Schließlich animiert es nicht gerade zum Mitmachen, wenn die Struktur dir signalisiert, dass du nicht zur Norm gehörst und somit entweder nicht gewollt oder die besondere Ausnahme bist. Zivilgesellschaftliche Initiativen hingegen bieten eine Plattform für politische Forderungen, die sonst ungehört bleiben würden. Mit Zusammenschlüssen wie den neuen deutschen Organisationen (ndo) oder der Bundeskonferenz der Migrant_innenorganisationen (BKMO) haben Vereine zudem schlagkräftige Zusammenschlüsse organisiert, die in der Bundespolitik Einfluss erlangen. Auch auf ihren Druck hin hat die Bundesregierung nach den rassistischen Terroranschlägen von Halle und Hanau den Kabinettsausschuss zur Bekämpfung von Rechtsextremismus und Rassismus eingerichtet. Ziel war es, ressortübergreifend ein wirksames Maßnahmenpaket zu erarbeiten, das langfristig darauf hinwirkt, eine von Rechtsextremismus und Rassismus freie und chancengerechte Gesellschaft — auch Einwanderungsgesellschaft — im Einklang mit den Verfassungswerten zu schaffen. Leider — und da ist sich die Mehrheit der (post-)migrantischen

Organisationen einig — verdeutlicht der Katalog der 89 Maßnahmen, den der Kabinettsausschuss vorgelegt hat, hauptsächlich eines: nämlich die große Kluft zwischen Politik und Zivilgesellschaft. Rassismus wird noch immer nicht als gesamtgesellschaftliches Phänomen verstanden, das systemisch bekämpft werden muss. Und so hat der Kabinettsausschuss die bisher einmalige Chance vertan, Rassismus mit klar definierten Zuständigkeiten, überprüfbaren Indikatoren, ausreichenden Budgets und notwendigen Prozessen zu begegnen.

Wenn Parteien sich glaubwürdig für marginalisierte Gruppen öffnen wollen, sollten sie sich insbesondere die Empowermentarbeit von den BPoC-Vereinen abschauen. Der Begriff „Empowerment" bedeutet Selbstbefähigung und Selbstbemächtigung, Stärkung von Eigenmacht, Autonomie und Selbstverfügung. Menschen werden dadurch in die Lage versetzt, in Situationen des Mangels, der Benachteiligung oder der gesellschaftlichen Ausgrenzung ihre Angelegenheiten selbst in die Hand zu nehmen. Sie werden sich ihrer Fähigkeiten bewusst, entwickeln eigene Kräfte und lernen, individuelle und kollektive Ressourcen für eine selbstbestimmte Lebensführung zu nutzen. Empowerment zielt auf eine Stärkung der Teilhabe an Entscheidungsprozessen und eine Implementation von Partizipationsverfahren, die den Wünschen und Bedürfnissen nach Mitmachen, Mitgestalten, Sich-Einmischen in (lokale) Politik Rechnung tragen.[1] Um sich mit Erfolg in Parteien zu engagieren, ist es wichtig, sich eine gewisse Sprache anzueignen und einen bestimmten Habitus anzunehmen. Außerdem ist es hilfreich, von einer Person in den Kreis der Aktiven beziehungsweise der Partei eingeführt zu werden. Ohne diese_n Gatekeeper ist es fast unmöglich, das Vertrauen anderer Parteimitglieder zu gewinnen. Gatekeeper können dabei helfen, die Parteistruktur zu verstehen und vor allem auf die zwischenmenschlichen Konfliktlinien innerhalb der Partei hinzuweisen.

1 https://www.empowerment.de/grundlagen/

Damit sich Menschen mit Rassismuserfahrung in der politischen Landschaft frei bewegen und in Parteien einbringen können, ist zuvor oft ein mutmachender, inklusiver Prozess nötig. Fehlt dieser, werden zwar vereinzelt BPoC in die Parteien finden, dort aber ihre Themen nicht auf die Agenda setzen können, weil wirkliche Rassismuskritik nicht mehrheitsfähig zu sein scheint. Das haben inzwischen manche Parteien erkannt. Die AG Bunt-Grün von Bündnis 90/Die Grünen Berlin versteht sich als selbstorganisiertes (Empowerment-)Netzwerk, das sich aktiv für die innerparteipolitische Beteiligung von BPoC und Menschen mit (familiärer) Migrationserfahrung einsetzt. Auch in der SPD gibt es mit der AG Migration und Vielfalt eine Gruppe, die die BPoC-Perspektive bündelt, allerdings ohne den expliziten Anspruch zu haben, BPoC zu empowern.

Empowerment ist aber ein wichtiger Ansatz, um Rassismus entgegenzuwirken, der die größte Bedrohung für die öffentliche Sicherheit und den gesellschaftlichen Zusammenhalt darstellt. In diesem Sinne ist es an der Zeit, dass sich alle demokratischen Parteien aktiv für eine plurale Gesellschaft einsetzen und es nicht nur bei Lippenbekenntnissen bleibt. Das Teilen von Macht durch das Erleichtern von Zugängen zu Parteien für alle marginalisierten Menschen in diesem Land wäre ein wichtiger Schritt dahin.

↖

. . . .

Karen Taylor ist Vorstandsvorsitzende des Europäischen Netzwerkes gegen Rassismus (ENAR) und leitet die politische Kommunikation bei Each One Teach One (EOTO) e. V., einem Community-basierten Bildungs- und Empowerment-Projekt in Berlin.

„In Deutschland brauchen wir mehr Wege und Räume, um Geflüchteten politische Teilhabe zu ermöglichen. Hört euch die Stimmen der Geflüchteten an, die schon länger hier sind! Hört euch an, was sie über gelingende Integration, Moria und Aufnahmelager für Geflüchtete zu sagen haben, vor allem, wenn ihr als Politiker_innen über diese Sachen entscheidet. Ladet die Geflüchteten in die Rathäuser und Landtage ein! Die Einladenden sollten möglichst auch selbst Menschen mit Migrationsgeschichte sein. Denn diese Gemeinsamkeit öffnet die Köpfe und Herzen."

„Vorbilder sind wichtig und machen Mut. Nur wenn Menschen mit Migrationsgeschichte als Vorbilder wirken, in der Politik präsent sind und sich öffentlich zeigen, werden ihnen weitere folgen. Frei nach dem Motto ‚Worte sind Zwerge — Beispiele Riesen!'"

→ **Mohammad Silo**

„Ein erster Schritt, wie junge Menschen mit Migrationsgeschichte stärker in das politische Geschehen eingebunden werden könnten, wäre, ihre Lebensrealität ernst zu nehmen. Sie sollten ihre Anliegen offen kommunizieren können. Erfahrene Politiker_innen sollten diese dann aufgreifen und zu einem grundlegenden Bestandteil des politischen Diskurses machen. Weiterhin sollten sich Parteien viel diverser aufstellen und diese Diversität auch wirklich in ihr Programm und ihre Handlungen miteinfließen lassen, anstatt sich auf die Erfüllung bestimmter Quoten zu beschränken, um so Pseudovielfalt zu suggerieren. Außerdem sollte jungen Menschen mit Migrationsgeschichte der Eintritt in die politische Arbeit erleichtert werden. Zum Beispiel indem sie in Projekten gemeinsam erarbeiten, wie gesellschaftliche Missstände aus ihrer Sicht verbessert werden können."

→ **Deniz Dilay Burgac**

Die Pod caster_ innen

→ **Atiena Abednia** ist mit der deutschen und der iranischen Kultur und Sprache aufgewachsen. Sie hat sich aber nie mit einem Pass identifiziert, sondern immer mit den Menschen um sie herum — ob als Guide im Museum Friedland, wo sie über das Grenzdurchgangslager berichtet, oder als Dolmetscherin für traumatisierte Geflüchtete.

Groß, laut und stark ist → **Beri Agbayir**, wenn es um Ungerechtigkeiten geht. Sie hat kurdische Wurzeln und setzt sich für junge Menschen mit Fluchterfahrungen ein. Die Frankfurterin will die deutsche Gesellschaft verändern. Das Ziel? Eine buntere, gerechtere und nachhaltigere Welt.

→ **Luca Tamara Yaa Amponsah**, die Tochter eines Ghanaers und einer Deutschen, begriff erst vor einigen Jahren wie vielfältig und subtil Rassismus sein kann. Lange beantwortete sie die Frage, ob sie in Deutschland Rassismus erlebe, deshalb mit „Nein". Sie studiert Regionalstudien Asien/Afrika an der Humboldt Universität zu Berlin.

Der angehenden Lehrerin → **Deniz Dilay Burgac** war interkultureller und interethnischer Austausch schon immer wichtig. Dafür engagiert sich die in Deutschland geborene und aufgewachsene Tochter türkischer Eltern auch in ihrer ehrenamtlichen Arbeit mit Kindern und Jugendlichen.

→ **Arian Darat** vermisst die Vielfalt unterschiedlicher Farben und Stimmen in der Politik und möchte die Ursachen hierfür ergründen. Er hat iranische Wurzeln, ist bilingual aufgewachsen und studiert Politik und Wirtschaft des Nahen und Mittleren Ostens in Marburg.

Als Kind multikultureller Eltern in Frankreich geboren, studierte → **Nouchine Djoneidi** zunächst Politikwissenschaft und internationale Beziehungen, bevor sie sich mit Menschenrechts- und Integrationsfragen beschäftigte. Sie strebt eine Gesellschaft an, in der Kulturen friedlich miteinander leben können.

→ **Daniyar Egen** hat kirgisisch-russische Wurzeln. Mit 17 kam er nach Deutschland, um Biotechnologie zu studieren. Politisches Engagement hat für ihn mindestens zwei Dimensionen: ein produktives und engagiertes Mitglied der Gesellschaft zu sein und seine Persönlichkeit in Balance zu halten.

Nicht halb-halb, sondern doppelt nimmt → **Sophia Annahita Farroukh** ihre kulturelle Identität wahr: iranisch und deutsch. Die gebürtige Frankfurterin absolviert ein Lehramtsstudium und will Jugendliche mit Migrationsgeschichte darin bestärken, für ihre Rechte einzustehen.

→ **Joy Guobadia** ist in Berlin aufgewachsen und mit der deutschen Kultur ebenso vertraut wie mit der nigerianischen. Schon als Kind merkte sie, dass sie weder als Nigerianerin noch als Deutsche anerkannt wird. Joy wünscht sich, dass jeder Mensch, so wie er ist und sein will, von anderen akzeptiert wird.

→ **Anahita Karampour** ist im Iran geboren und aufgewachsen. Sie hat Soziologie an der Freien Universität Berlin studiert und arbeitet jetzt beim Berliner Gesundheitsamt. Sie sagt: Nur durch politische Partizipation kann gemeinsam an einer besseren Zukunft gearbeitet werden.

→ **Amine M'Charrak** ist in Solingen geboren und promoviert derzeit an der University of Oxford im Bereich Informatik für statistisches Lernen. Als Sohn einer polnischen Friseurin und eines marokkanischen Metzgers setzt sich Amine für mehr Chancengleichheit, Solidarität und Nachhaltigkeit ein.

→ **Mohammad Silo** ist in einem autoritären System mit Unterdrückung, Rebellion und Krieg als Zugehöriger einer Minderheit aufgewachsen. Als Geflüchteter kam er vor rund fünf Jahren aus Syrien nach Deutschland. Er studiert nun in Thüringen und will Brücken zwischen den Kulturen bauen.

Podcastprojekt Hörgut

Anne-Marie Brack & Annette Schlicht

„Du bist jung, engagiert und doch kommt deine Perspektive in der Politik oft nicht vor? Dann wird es Zeit etwas zu ändern!", so warben die Iranische Gemeinde in Deutschland e. V. (IGD) und die Friedrich-Ebert-Stiftung im Juni 2020 für das Projekt „Hörgut: Auf Stimmenfang für Vielfalt". Die Idee: Junge Menschen mit Migrationshintergrund führen Interviews mit Politiker_innen, die aufgrund ihres Namens oder ihres Aussehens ebenfalls als migrantisch gelesen werden, und gestalten gemeinsam einen Podcast. Das Ziel: Auf das Repräsentationsdefizit von Menschen mit Migrationsgeschichte in der Politik aufmerksam zu machen und gleichzeitig bei jungen Menschen die Lust auf politisches Engagement zu wecken.

Zwölf angehende Podcaster_innen wurden in einer offenen Ausschreibung ausgewählt und erhielten von Susan Zare und Rolf Vogl, zwei erfahrenen Hörfunkprofis, bei einem Workshop in Berlin eine Einführung in das Einmaleins der Podcastproduktion: von der Vorbereitung des Interviews über das Sprechen vor dem Mikrofon bis hin zum Schnitt.

Gleichzeitig konzipierten sie ihren Podcast inhaltlich. Eine große Rolle spielten dabei diskriminierende Erfahrungen, die sie als Menschen mit Migrationsgeschichte in Deutschland machen und die Frage, was es überhaupt bedeutet, politisch zu partizipieren und welche verschiedenen Gesichter politisches Engagement haben kann.

Im Herbst 2020 war es dann soweit. In Interviews mit Benjamin Adjei, Sawsan Chebli, Raphael Moussa Hillebrand, Mike Josef, Serpil Midyatli und Amina Yousaf entstanden sechs beeindruckende Porträts von Menschen, die sich ehren- und hauptamtlich in der Politik engagieren. Sie teilen sehr offen, was ihnen Mut und Hoffnung macht, welche Erfahrungen und Visio-

nen sie antreiben und welche Rückschläge und Hindernisse sie immer wieder zu überwinden hatten. Die Interviews mit ihnen haben Eindruck hinterlassen — nicht nur die Schilderungen der Politiker_innen, sondern auch die sehr persönliche, neugierige, kluge und unbefangene Art des Fragenstellens der zwölf Podcaster_innen.

Der Podcast macht deutlich, dass die Wege in die Politik sich sehr unterschiedlich gestalten, genauso wie Erfahrungen und Positionen divers und zum Teil auch widersprüchlich sind. Eine Stereotypisierung des Politikers und der Politikerin mit Einwanderungsgeschichte ist daher weder sinnvoll noch möglich. Andererseits sind jedoch bestimmte Leitmotive in den Gesprächen immer wieder aufgetaucht und ziehen sich als roter Faden durch das Podcastprojekt. Diese Themen (Rassismus, Identität, Sichtbarkeit, Vorbilder, Verantwortung, Empowerment) sind wichtige Aspekte auf dem Weg hin zu einer angemessenen politischen Repräsentanz von Menschen mit Einwanderungsgeschichte und migrantisch gelesenen Menschen. Sie sind die Ausgangsüberlegung für dieses Buch und bilden seine Grundstruktur.

Der Podcast „Hörgut: Auf Stimmenfang für Vielfalt" ist online zu finden unter www.fes.de/hoergut.

↖

Starke Netzwerke für Vielfalt und Partizipation

Im Gespräch mit Ehsan Djafari

Herr Djafari, Sie sind Vorstandsvorsitzender der Iranischen Gemeinde in Deutschland e. V. (IGD), einem Dachverband, der sich seit zehn Jahren für die Interessen von Menschen mit iranischen Wurzeln einsetzt. Was hat die IGD bewogen, gemeinsam mit der Friedrich-Ebert-Stiftung ein Projekt zur politischen Teilhabe mit jungen Menschen mit Einwanderungsgeschichte durchzuführen?

Deutschland ist als Einwanderungsland in einem permanenten Prozess der Aushandlung. Um daran angemessen beteiligt zu werden, sind zwei Dinge von grundlegender Bedeutung: Die Präsenz in den politischen Entscheidungsstrukturen selbst sowie die Organisation und Vernetzung in den Migrant_innenselbstorganisationen (MSO). Der Prozess hin zu einer angemessenen Repräsentation von Menschen mit Einwanderungsgeschichte in politischen Entscheidungsgremien schreitet nur sehr mühsam voran, was in diesem Buch und auch im Podcast „Hörgut — Auf Stimmenfang für Vielfalt" deutlich wird. Deshalb ist es uns wichtig, immer wieder darauf aufmerksam zu machen. Durch die Zusammenarbeit mit der Friedrich-Ebert-Stiftung als einer der großen und reichweitenstarken Institutionen, die sich für Chancengleichheit stark macht, hoffen wir, diese Botschaft mit mehr Nachdruck und Resonanz verbreiten zu können. Dabei wollen wir vor allem auch junge Menschen erreichen, die sowohl als Wähler_innen, aber auch als Politiker_innen über die zukünftige Gestalt dieses Landes entscheiden.

Welche Rolle spielen Migrant_innenselbstorganisationen wie die Iranische Gemeinde gegenwärtig in unserer Gesellschaft?

Zum einen ist unsere Arbeit legitimer Ausdruck kultureller Selbstbestimmung und leistet einen wichtigen Beitrag zur Stärkung der aktiven Zivilgesellschaft in Deutschland. Wir bauen Brücken zwischen der Mehrheitsgesellschaft und den Zugewanderten, üben Solidarität und geben unseren Mitgliedern in der neuen deutschen Heimat Orientierung. Gleichzeitig können mit vielfältigen Angeboten auch kulturelle und sprachliche Traditionen bewahrt werden, was uns zum Mitgarant für die kulturelle Vielfalt und Diversität macht, die eine moderne Einwanderungsgesellschaft prägt.

Doch wir sind auch in der Rolle politischer Berater_innen, Kritiker_innen, Mahner_innen und Expert_innen gefragt. Wir MSO sind es, die in starken Netzwerken wie der Bundeskonferenz der Migrantenorganisationen (BKMO), der Bundesarbeitsgemeinschaft der Immigrantenverbände (BAGIV), dem Verband für interkulturelle Wohlfahrtspflege, Empowerment und Diversity (VIW), dem Bundeselternnetzwerk der Migrantenorganisationen für Bildung & Teilhabe (bbt) oder dem Bundesnetzwerk Bürgerschaftliches Engagement (BBE) immer wieder auf rassistische und diskriminierende Strukturen aufmerksam machen, politischen Druck aufbauen, Teilhabe und Mitsprache einfordern. Zudem engagieren wir uns in integrationspolitischen und anderen gesellschaftlich relevanten Themenfeldern, insbesondere in den Bereichen, in denen sich die Institutionen der Mehrheitsgesellschaft schwertun, einen Zugang zu finden. Wenn man sich das gesamte Aufgabenspektrum vor Augen führt, welches wir gegenwärtig bedienen, dann wird schnell klar, dass es sich dabei für eine noch wachsende Organisation um eine Mammutaufgabe handelt, erst recht, wenn man bedenkt, dass ein Großteil der Arbeit durch Ehrenamt und kurzfristige Projektfinanzierung erfolgt.

Was tun Sie als IGD, um die Vielfalt in dieser Gesellschaft zu fördern?

Wir sind sowohl in unserer ehrenamtlichen als auch in unserer Projektarbeit breit aufgestellt. In der Flüchtlingsarbeit sind wir mit dem Projekt „Ehrenamtler mit Migrationshintergrund im Einsatz für Flüchtlinge" deutschlandweit aktiv und setzen uns im Patenschaftsprojekt „Vitamin P" für mehr Bildungsgerechtigkeit ein. Den Dialog zwischen Mehrheitsgesellschaft und Menschen mit Migrationsgeschichte regen wir im Projekt „Meine Werte — Deine Werte — Unsere Werte" an und wollen in der Kooperation „STAEPOLSEL" mit dem BBE auf die Stärkung politischer und gesellschaftlicher Selbstwirksamkeit hinwirken. Hinzu kommt ein weiterer Punkt: Weil der vielfältige, über Jahrtausende multiethnisch geprägte kulturelle Reichtum des Irans Teil unserer Identität ist, ist es uns zugleich ein Vermächtnis und Auftrag, ihn in uns zu tragen und zu bewahren. So zelebrieren wir altiranische Feste wie Nowruz, Yalda, Tirgan sowie Mehrgan und möchten gern auch die deutsche Gesellschaft an der Bedeutung unserer Traditionen teilhaben lassen.

Ehsan Djafari ist IT- Entrepreneur, Digitalisierungsexperte und Kulturmanager. Er engagiert sich als Vorstandsvorsitzender der IGD und ist Mitglied des Stiftungsrats der Deutschen Stiftung für Ehrenamt und Engagement.

KONTAKT:
info@iranischegemeinde.de
www.iranischegemeinde.org

@iranische_gemeinde
@Iranische-Gemeinde-in-Deutschland

Iranische Gemeinde
in Deutschland e.V.

Brand New Bundestag

Als überparteiliche Graswurzel-Organisation kämpfen wir für eine progressive und zukunftsweisende Politik. Mit strategischer Beratung, inhaltlichen Workshops, Kampagnen-Knowhow und finanziellen Mitteln für den Wahlkampf möchten wir eine neue Generation von Politiker_innen in den Bundestag bringen. Wir unterstützen Kandidat_innen, die sich zivilgesellschaftlich engagieren und gemeinsam eine chancengerechte und nachhaltige Zukunft gestalten möchten. Das Ziel sind divers zusammengesetzte Parlamente — mit Abgeordneten, die die Vielfalt unserer Gesellschaft repräsentieren, die Dynamik von der Straße in die Parlamente holen und sich mutig den großen Herausforderungen unserer Zeit stellen.

KONTAKT:
Eva-Maria Thurnhofer
eva@brandnewbundestag.de
www.brandnewbundestag.de

@brandnewbundestag
@BNBundestag
@BrandNewBundestag

djo — Deutsche Jugend in Europa Bundesverband e. V.

Wir sind ein Jugendverband der Vielfalt und des jungen Engagements, der in Deutschland Selbstorganisationen junger Zuwanderer_innen, Geflüchteter und Spätaussiedler_innen vertritt. In unserer Arbeit widmen wir uns dem Internationalen Jugendaustausch, Kultureller Jugendbildung und der Integrationsarbeit. Wir wollen allen in Deutschland lebenden jungen Menschen eine Stimme geben und sie bestärken, unsere Gesellschaft mitzugestalten. Zu unseren Mitgliedsorganisationen gehören unter anderem:

- Amaro Drom e. V.
- Assyrischer Jugendverband Mitteleuropa (AJM) e. V.
- Verband der russischsprachigen Jugend in Deutschland JunOst e. V.
- Kurdischer Kinder- und Jugendverband KOMCIWAN e. V.
- ARI — Jugendverband der Armenier in Deutschland e. V. (djo-Kooperationspartner)

KONTAKT:
www.djo.de

Helene Weber Kolleg – Frauen Macht Politik

Als erste, parteiübergreifende Plattform für Frauen in der (Kommunal)Politik stärken wir Einsteigerinnen und engagierte Frauen in der Politik, unter anderem mit Mentoring- und Empowermentprogrammen.

In unserem digitalen Mentoringprogramm „Für mehr Vielfalt in der Politik" begleitet jeweils eine Politikerin mit Migrationsbiografie als Mentorin eine weibliche Mentee mit Migrationsbiografie. Mit einer Mischung aus Theorie, praktischen Übungen und Peer-to-Peer-Mentoring werden die Frauen unterstützt und zugleich ein tragfähiges Netzwerk aufgebaut. Ziel ist es, langfristig einen höheren Anteil an Frauen mit Migrationsbiografie in den Parteien und in verantwortlichen politischen Ämtern zu erreichen. Das Helene Weber Kolleg wird vom BMFSFJ gefördert. Projektträgerin ist die EAF Berlin.

KONTAKT:
Cécile Weidhofer
weidhofer@eaf-berlin.de
www.frauen-macht-politik.de/

Initiative Offene Gesellschaft

In bewegten Zeiten wollen wir die offene Gesellschaft verteidigen und verbessern. Dabei lautet unser Grundsatz: Wir sind #dafür statt immer nur dagegen. Wir setzen uns ein für eine solidarische, demokratische, vielfältige Gesellschaft, in der alle die gleichen Chancen haben und gleichberechtigt mitgestalten können. Das tun wir mit Kampagnen, Mitmach-Aktionen, Ideenlaboren — vor der eigenen Haustür und im Netz. Und vor allem: zusammen mit unzähligen Freund_innen der offenen Gesellschaft in ganz Deutschland.

KONTAKT:
freunde@die-offene-gesellschaft.de
www.die-offene-gesellschaft.de

🔘 @offenegesellschaft
🐦 @InitiativeOG
📘 @InitiativeOffeneGesellschaft

JoinPolitics

Wir fördern schnell und unkompliziert die Kandidaturen oder politischen Ideen von jungen politischen Talenten, die mit Mut und Leidenschaft Lösungen für die großen Fragen unserer Zeit entwickeln. Dabei suchen wir die besten Ideen zur Stärkung der Demokratie, parteiübergreifend oder parteilos. Nach einer schriftlichen Bewerbung und einem mehrstufigen Auswahlprozess stellen die besten Bewerber_innen an einem Pitch-Day ihre Idee vor. Neben finanzieller Unterstützung (bis zu 50.000 Euro in der ersten Phase) fördern wir auch mit Know-how: Ein wachsendes Netzwerk an erfahrenen Mentor_innen und Coaches unterstützt bei der Organisation, Kommunikation und Umsetzung der politischen Idee. Wir stehen für Diversität, Inklusion und Fairness.

KONTAKT:
www.joinpolitics.org

Jugendmigrationsbeirat (JMB) Berlin

Wir sind ein Netzwerk von selbstorganisierten Vereinen, Initiativen sowie Projekten aus Berlin, deren Mitglieder mehrheitlich aus jungen Menschen mit eigener oder familiärer Migrationsgeschichte bestehen. Der Beirat vertritt die Interessen dieser jungen Menschen und setzt sich für ihre soziale, politische und gesellschaftliche Gleichstellung ein. Mit unserer Expertise für jugend- und integrationspolitische Themen möchten wir Politik und Verwaltung sowie zivilgesellschaftliche Akteur_innen in ihrem Engagement für ein inklusives Berlin und gegen Rassismus unterstützen. Auf den jährlichen Jugendkongressen werden Interessen und Forderungen von jungen Menschen zu einer diversitätsbewussten Landespolitik festgehalten und gebündelt.

KONTAKT:
Sina Ural
info@jugendmigrationsbeirat.berlin
www.jugendmigrationsbeirat.berlin

MPs 2030

Mit dem Projekt MPs 2030 wollen wir als IMPACT — Civil Society Research and Development e. V. junge Neuzugewanderte dabei unterstützen, in Politik und Zivilgesellschaft aktiv zu werden.

In Präsenz- und Online-Seminaren lernen junge Engagierte, wie das politische System in Deutschland funktioniert und wie sie selbst Einfluss nehmen können. In Workshops trainieren sie wichtige Fähigkeiten und durch Diskussionen werden sie dazu ermutigt, eigene Positionen zu finden. Bei Treffen mit Vorbildern aus Politik und Zivilgesellschaft erfahren sie, wie erfolgreiches politisches Engagement gelingen kann.

Der Titel MPs 2030 („Members of Parliament") drückt unsere Hoffnung aus, Anfänge für politische Laufbahnen der Teilnehmer_innen zu legen, die sie eines Tages sogar in den deutschen Bundestag führen könnten.

KONTAKT:
Eva Welling
MPs2030@impact-csrd.org
www.impact-csrd.org/MPs2030

Servicestelle Jugendbeteiligung e. V.

Wir engagieren uns für eine Gesellschaft, in der sich junge Menschen aktiv und selbstbestimmt am gesellschaftlichen und politischen Leben beteiligen können und ihre Perspektiven Gehör finden. Demokratie soll erlebbar und zukunftsfähig werden, indem junge Menschen die Möglichkeit haben, Verantwortung zu übernehmen und Selbstwirksamkeit zu erfahren. Seit 2001 stehen wir als bundesweit tätige Organisation jungen Menschen in ihrer ehrenamtlichen Arbeit mit Rat und Tat zur Seite, vernetzen Engagierte in ganz Deutschland und begleiten und beraten Organisationen und Kommunen in der Umsetzung von jugendgerechten Beteiligungsstrukturen.

KONTAKT:
engagieren@jugendbeteiligung.info
www.servicestelle-jugendbeteiligung.de

🅞 @sjb_ev
🐦 @sjb_ev
🅕 @jugendbeteiligung

STAEPOLSEL — Gesellschaft selbstwirksam gestalten

Im Kooperationsprojekt „Gesellschaft selbstwirksam gestalten — STAEPOLSEL" der Iranischen Gemeinde in Deutschland e. V. (IGD) und des Bundesnetzwerk Bürgerschaftliches Engagement möchten wir junge Menschen mit internationaler Migrationsbiografie in ihrem politischen Selbstwirksamkeitsgefühl stärken. Ein Projekt ist die Civic Ideas Factory, in der junge Engagierte mehr über ihre Gestaltungsspielräume im Bereich bürgerschaftliches Engagement erfahren. Sie erhalten zudem Unterstützung bei der Umsetzung von Mikroprojekten mit Schulungen sowie einer Mikrofinanzierung. Durch Vernetzungsveranstaltungen, Themenabende und Streitgespräche wird die Zielgruppe in gesellschaftspolitische Debatten stärker eingebunden und vernetzt.

KONTAKT:
Selia Boumessid
selia.boumessid@b-b-e.de
Laura Montanaro
laura.montanaro@iranischegemeinde.de
www.staepolsel.de

Z2X — Neue Visionärinnen und Visionäre

Wir sind eine Community von über 7.000 jungen Visionär_innen zwischen 20 und 29 Jahren, die sich bei jährlichen Z2X-Festivals und verschiedenen Veranstaltungen von ZEIT ONLINE treffen, um gemeinsam an Ideen für eine bessere Zukunft zu arbeiten und eigene Projekte zu verwirklichen. Wir sind digital und in lokalen Gruppen vernetzt, gehören unterschiedlichsten Disziplinen an und engagieren uns in den Bereichen Bildung, Demokratie, Umwelt- und Klimaschutz, Digitalisierung und Technologie, Mobilität und Stadtentwicklung oder Soziales Unternehmertum.
Wir teilen die Vision, unsere Welt mit neuen, diversen und mutigen Ideen ein bisschen besser zu machen.
Für die Mitgliedschaft in der Z2X-Community kann man sich unter z2x.zeit.de bewerben.

KONTAKT:
Miriam Becker
miriam.becker@zeit.de
www.z2x.zeit.de

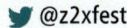 @neuevisionen
@z2xfest

IMPRESSUM

Bibliografische Information der Deutschen Nationalbibliothek
Die Deutsche Nationalbibliothek verzeichnet diese Publikation in
der Deutschen Nationalbibliografie; detaillierte bibliografische
Daten sind im Internet über http://dnb.dnb.de abrufbar.

ISBN 978-3-8012-0611-6
1. Auflage 2021

© 2021 by Verlag J. H. W. Dietz Nachf. GmbH
Dreizehnmorgenweg 24, 53175 Bonn

HERAUSGEBERINNEN:
Annette Schlicht, Friedrich-Ebert-Stiftung
Anne-Marie Brack, Iranische Gemeinde in Deutschland e. V.

LEKTORAT/REDAKTION:
Dr. Angela Borgwardt, Anne-Marie Brack, Annette Schlicht

GESTALTUNG UND SATZ:
Andrea Schmidt, Typografie/im/Kontext

ILLUSTRATIONEN:
Tyll Peters

DRUCK UND VERARBEITUNG:
CPI books, Leck
Alle Rechte vorbehalten.
Printed in Germany 2021

Besuchen Sie uns im Internet: www.dietz-verlag.de